Blechspielzeug
Mechanische Raritäten und ihre Hersteller

Margot Brauch/Albrecht Bangert

Blechspielzeug

Mechanische Raritäten und ihre Hersteller

MOSAIK

Antiquitäten International

Herausgeber: Dr. Albrecht Bangert
Redaktion: Hartmut Panskus
Layout: Joerk Reitz

Satz: Hagedorn, München
Litho: EKG, Stuttgart
Druck und Bindung:
Grijelmo S.A., Bilbao

Eine Produktion von
Plenary Publications International
(Europe) b.v., Amstelveen

Deutsche Ausgabe 1980 bei
Mosaik Verlag GmbH, München

Printed in Spain
ISBN 3-570-00354-X

Titelbild: MAN-DA-RIN nannte der Spielzeughersteller Lehmann seine bunte Blechsänfte. Chinesische Motive waren zur Zeit des Boxeraufstandes in Europa sehr aktuell.

1 Billardspieler von Kico aus farbig lithographiertem Blech. Hinter der Firmenbezeichnung verbirgt sich der Nürnberger Spielzeugfabrikant Hubert Kienberger & Co.

Inhalt

Altes Blechspielzeug

Zum Blechspielzeugsammeln gehören Einsatz und Leidenschaft.

„Der Montagmorgen ist manchmal schon eine Zumutung", klagt der Direktor eines mittelständischen Unternehmens. Seit 7 Uhr sitzt er wieder am Schreibtisch und sortiert die von der letzten Woche liegengebliebene Post. Grund für sein Stöhnen ist keine Montagsmüdigkeit, sondern der „Hobby-Streß". Erst vor einer halben Stunde ist der passionierte Blechspielzeugsammler dem Nachtzug von Paris entstiegen; in der Seine-Metropole war gerade ein zweitägiges, internationales Blechspielzeugsammlertreffen zuende gegangen, und selbst für den erfahrenen Sammler sind solche Treffen und Veranstaltungen immer eine große Aufregung, denn Modelle, auf die er schon Jahre gewartet hatte, könnten bei einem der ausländischen Kollegen auftauchen und die gilt es dann möglichst rasch, vor den anderen, in Besitz zu bekommen.

2 „Ruppiger Junge — Naughty boy — Le petit drôle — El galopin" titulierte der deutsche Patentspielzeughersteller Ernst Paul Lehmann dieses altmodische Vis-à-vis-Gefährt mit Uhrwerkantrieb.

Der Knabe im Matrosenanzug versucht das Gefährt zu lenken und bekommt vom Fahrer für sein unartiges Verhalten einen Klaps. Die aus Blech geprägten Figuren strahlen die Stimmung der Kaiserzeit aus.

3 Der lachende Clown auf der rollenden Kugel:
Ein sehr seltenes, deutsches Blechspielzeug von 23 cm Höhe. Während die Kugel unaufhaltsam vorwärtsrollt, bleibt der handbemalte Clown immer senkrecht sitzen.

4 Um 1910 ein Glanzstück mancher Blechspielzeugsammlungen ist der zeichnende Clown eines gewissen Herrn Vielmetter.
Diese charmante und faszinierende Kreation steht in der alten Tradition der großen Schreibautomaten. Sein Erfinder dachte nicht an ein Einzelstück, sondern an ein aus Blech gestanztes Industrieprodukt für den deutschen, englischen und französischen Markt. Entsprechend läßt sich auch der „Künstler“ programmieren: Je nach eingelegter Scheibe konnte er die englische Königin Viktoria, Napoleon oder Ludwig XIV, den gallischen Hahn und die Marianne zeichnen, wenn man mit der kleinen, im Sockel angebrachten Kurbel den Mechanismus in Bewegung setzte. Für das deutsche Publikum zeichnete der Spaßmacher Bismarck und Moltke. Das Podest, auf dem er seine erstaunliche Leistung vollbringt, hat eine Größe von 12 x 12 cm.

Mit vollen Koffern war der nun „Todmüde" abgereist und mit vollen Koffern ist er nach siebenstündiger Fahrt wieder zurückgekehrt. „Bei den steigenden Preisen muß man auch mal was verkaufen oder ein Stück gegen ein anderes tauschen", erklärt er, während er sein inzwischen 15. Radiguet-Dampfschiff auspackt und gründlich examiniert, um festzustellen, wie man es am besten restauriert. Ob er nun hauptberuflich Unternehmer oder Sammler ist, läßt sich inzwischen schwer feststellen, jedenfalls sammelt, hortet, verkauft und kauft er seit zehn Jahren Blechspielzeug, – vor allen Dingen Schiffe. Seine Sammlung umfaßt bereits einen Lorelei-Raddampfer von Märklin, die Kaiseryacht, Ozeandampfer in allen Größen, Flottillen als sogenannte „Bodenläufer" für die Seeschlacht im Zimmer, die man mit kleinen Verbindungsstangen zu Flottenordnungen zusammenkuppeln kann, Torpedoboote mit regulierter Uhrwerksteuerung, mit der die Boote vom Ufer losfahren, nach geraumer Zeit drehen, eine Breitseite abfeuern und zum Ausgangspunkt zurückfahren; außerdem besitzt er

5 – 8 Witzfigur auf großer Fahrt: Lehmanns dicker Onkel fährt laut tutend im Zickzackkurs. Wie dieses um 1910 entstandene Spielzeug funktioniert, zeigt sich erst, wenn man es von unten betrachtet. Über eine Exzenterstange, die an ein großes Zahnrad gekuppelt ist, wird der tutende Blasebalg betrieben. Ebenso, von der federbetriebenen Hinterachse ausgehend, wird der Steuermechanismus der Vorderräder in regelmäßigen Abständen verstellt, wodurch der Zickzackkurs entsteht. Das 16 cm lange Gefährt ist farbig lithographiert, der Fahrer handbemalt.
Wie bei allen Lehmann-Spielsachen ist der einprägsame Name – hier TUT–TUT – die Patentnummer und das Firmensignet, das eine stilisierte Handpresse für Blech darstellt, auf alle Stücke aufgedruckt. Das „DEUTSCH VORAN" mag eine Parole sein, die sich auf den Export bezieht, der zeitweilig 95 Prozent der Produktion ausmachte.

MARKE
EHMANN

tauchende U-Boote jeder Art und Größe, sogar Leuchttürme in phantasievoller Blechbedruckung.

In drei Reihen stehen die nautischen Raritäten regalweise in seinen Räumen. Den großen Chefschreibtisch allerdings ziert nur ein kleiner 50 cm langer Raddampfer aus weiß-rot bemaltem Blech mit Fahnen, einer gegossenen Verzierung am Bug und bunten Ausflugspassagieren aus lackiertem Pappmaché. Mehr ist von außen nicht zu sehen. Nur der Eingeweihte mag angesichts dieser Rarität und Kostbarkeit vielleicht die schüchterne Frage wagen: „Blechspielzeugsammler?" – ein Stichwort, das Folgen haben kann.

Folgenreich ist die Blechspielzeugleidenschaft auch für ein Ehepaar geworden. Sie begannen erst vor drei Jahren zu sammeln, haben in dieser Zeit aber kein Wochenende ausgelassen, um auf die Jagd nach der Hinterlassenschaft aus frühe-

9 Walt Disney's Mickey Mouse aus Nürnberg: In den dreißiger Jahren brachte die deutsche Firma Distler KG eine 15 cm lange Drehorgel heraus. Während Mickey Mouse eifrig für Musik sorgt, tanzt die kleine Minnie Mouse. Dieses Modell ist eine Variante zu dem Jahrmarkt-Orgelspieler mit einem tanzenden Äffchen. Beide Modelle wurden mit und ohne Musikwerk geliefert.

ren Kinderzimmern zu gehen. Da sich die Flohmarkttermine oft überschneiden und man trotzdem keinem Konkurrenten das Feld überlassen möchte, machen sie sich oft schon am Freitagabend auf und versuchen, bis zu drei Flohmärkte in einer Nacht und einem Vormittag abzugrasen, um eines der begehrten „Schnäppchen" zu ergattern. Von München aus geht es 150 Kilometer nach Norden bis Nürnberg, wo man sich zwischen den geparkten Autos der Flohmärktler vorwärtstastet und hier und da ein Blechrad, eine Tragfläche oder Teile einer Figur entdeckt, die vielleicht schon aus den noch eingepackten Körben und Kartons hervorschaut. Noch in der Nacht geht die Dreiecksfahrt zu dem fast so weit entfernten Augsburg; von dort zurück nach München, wo die Händler dann gerade ihre Ware ausgepackt haben.

Hochkonjunktur hat der Handel auf offener Straße, wenn sich die europäischen Spielzeugsammler und -händler anläßlich der Spezialauktionen auf Parkplätzen treffen und die Kofferräume ihrer Autos zu kleinen Tauschbörsen umfunktionieren. Was hier aus dem Dunkel der Sammlerdepots an alten Raritäten auftaucht, ist teilweise erstaunlich und eine gute Gelegenheit für den ernsthaften Sammler, durch An- und Verkauf seine Sammlung abzurunden. Hier sind „Kenner und Kungler" unter sich und der alte Trick, ihre Kinder als Staffage zum Blechspielzeugeinkauf mitzunehmen, zieht nicht mehr.
Der Boom, den das alte Blechspielzeug augenblicklich erlebt, ist einzigartig und hat neben manchem Nachteil für den einzelnen Sammler auch den Vorteil, daß viele kunstvolle Blechspielzeuge nicht achtlos in die Mülltonne wandern, sondern, selbst wenn sie sich in desolatem Zustand befinden, liebevoll restauriert werden und deshalb erhalten bleiben.

Mechanische Raritäten

Die Liebe zu mechanischen Raritäten ist nicht neu. Schon um die Jahrhundertwende strahlte das bunt bemalte oder bereits farbig bedruckte Blechspielzeug, eine unwiderstehliche Faszination aus, denn es spiegelte Zeitgeist, Mode und Technik wieder. Blechspielzeug war selbst in der verkleinerten Form, dem sogenannten „Penny Toy", in allen Städten auf den Jahrmärkten Europas, ja sogar in Übersee zu haben.

Der Spaß an mechanischen Wunderwerken wurde durch die industrielle Fertigung einem breiten Publikum zugänglich gemacht und das ohne Einbuße der Faszination, denn selbst farbig bedruckte Figuren, die Kunststücke vorführen können, sind nicht weniger reizvoll als die „Schatzkammerstücke", wie sie von

Fürsten und Königen seit der Renaissance gesammelt und gehortet wurden.

Hof und Jahrmarkt – Exklusivität und Popularität – blieben immer gegenwärtig, auch im Rokoko, als künstliche Menschenfiguren gerade durch ihre Künstlichkeit eine starke Anziehungskraft ausübten. Damals gehörten sprechende Puppen, musizierende Mädchen und Knaben, turnende Affen, und selbst eine Ente, die Körner fraß und anschließend „Häufchen schiß", auf Jahrmärkten und bei Hofe zu vielbestaunten Attraktionen.
Diese Kuriositäten entsprangen damals den Träumen besessener Uhrmacher und Konstrukteure. Sie waren begehrte Einzelstücke, aus dem Drang entstanden, die Natur durch Mechanik zu imitieren.

Heute kann man im Museum von Neuchâtel drei Automatenfiguren des Schweizer Mechanikergenies Pierre Jaquet-Droz, der von 1721 bis 1790 gelebt hat, bestaunen. Diese Figuren haben eine lange Odyssee hinter sich. Sie wanderten durch alle französischen Höfe und mußten Paris, als die Revolution bevorstand, verlassen. Sie kehrten nach einem Spanienaufenthalt Anfang des 19. Jahrhunderts dorthin zurück, um erst in eine deutsche Sammlung und schließlich

wieder in ihre Schweizer Heimat zu gelangen.

Diese schreibenden, zeichnenden und klavierspielenden Figuren können ohne weiteres als Urahnen des hundert Jahre später von Vielmetter patentierten Blechclowns angesehen werden. Dieser Clown aus farbig bemaltem Weißblech sitzt auf einem Stühlchen und zeichnet unverdrossen Porträts von Zeitgenossen aus Politik und Kultur auf eine Staffelei, je nachdem, mit was für einer Programmplatte man diesen kleinen, genialen Zeichenapparat gefüttert hatte.
Waren die Wunderwerke von Jaquet-Droz kunstvolle Einzelstücke,

10 MAN-DA-RIN und NU-NU: „Der Mandarin läßt sich in der Sänfte von zwei natürlich schreitenden Kulis tragen", heißt es in dem Händlerkatalog der preußischen Firma Lehmann. Witzig bei dieser exotischen Chinesendarstellung ist das doppeldeutige Wortspiel MAN-DA-RIN: Einerseits bezeichnet es den Würdenträger, andererseits den Mann in der Sänfte.

Der „Nu-Nu" hingegen stellt einen Chinesen dar, der „natürlich gehend eine Teekiste zieht". Während des Aufziehens und beim Anheben wird das Werk selbsttätig gesperrt", teilte der Hersteller dem Spielzeughändler in seinem Katalog mit. Von diesen Modellen gibt es nicht nur die hier abgebildete, lithographierte Version, bei der die Kulis auf ihren Arbeitskitteln das Lehmannzeichen als Stoffmuster tragen, sondern auch eine handlackierte.

konnte man den sogenannten Vielmetter-Clown öfters in Kinderzimmern finden. Heute allerdings ist er selten geworden und kostet als begehrtes Blechspielzeugmodell zwischen 3.000 und 4.000 Mark. Das faszinierende Moment der frühen Blechspielzeuge bleibt jedoch, daß sie, trotz ihrer Entstehung Ende des 19. und Anfang des 20. Jahrhunderts, den alten Themen treu geblieben sind. Jonglierende Clowns, kühne Akrobaten und tanzende Affen gehören nach wie vor in das Repertoire, obwohl sie durch Wiedergaben der neuesten, technischen Errungenschaften wie der ersten Flugzeuge, Raddampfer, Automobile und Kanonenboote zeitgemäß ergänzt wurden.

Die Blechspielzeugindustrie in Europa um 1900

Die Blechspielzeugmodelle, die den Sammler in erster Linie interessieren sind reine Industrieprodukte, die in Serien hergestellt und an die Spielzeuggeschäfte weitergegeben wurden. Selbst wenn in der ersten Hälfte des 19. Jahrhunderts zahlreiche Firmengründungen bekannt wurden, die bereits Blechspielsachen produzierten, so setzte der eigentliche Boom erst gegen Ende des Jahrhunderts ein.

11 – 12 Lehmann-Patentspielzeuge sind schon deshalb leicht zu identifizieren, weil sie sichtbar mit dem Firmennamen, Firmenzeichen und den Patentnummern versehen sind. Es ist ein besonderes Charakteristikum der Brandenburger Firma, daß sie sogar die Verpakkung ihrer Spielzeuge mit bunten Darstellungen schmückte und Namen sowie Modellnummer in den Vordergrund stellten. Durch dieses Marketingprogramm, das mit zum berühmten Lehmannstil gehörte, unterschied sich Lehmann deutlich von allen anderen, deutschen Konkurrenten.

13 Der 18 cm hohe chinesische Krieger von Fernand Martin entstand um 1900, als China im Mittelpunkt der Welt stand. Das Gesicht ist handbemalt, die Kleidung, wie bei den meisten Figuren von Fernand Martin, aus Stoff genäht.

14 Und so sah die Wirklichkeit aus: Im feudalen China ließen sich die Mandarine tatsächlich in Sänften tragen. Als die europäischen Großmächte, Amerika und Japan, den antieuropäischen Aufstand des „Boxer-Geheimbundes“ blutig niederwarfen, stand das fernöstliche Land im Mittelpunkt der Weltpolitik und bot auch für die Spielzeugindustrie aktuelle Motive.
Wie eine politische Karikatur mutet daher auch Lehmanns Blechspielzeug mit dem Titel „Der bestrafte Boxer“ an, bei dem ein kleiner Blechchinese von vier Vertretern der Weltmächte in einem gelb lackierten Sprungtuch aufgefangen, aber immer wieder, an seinem Zopf angebunden, hinausgeworfen wird. Dieses mechanische Zeitdokument aus buntem Blech wurde 1900 patentiert — genau zu dem Zeitpunkt, als im Fernen Osten der Aufstand blutig niedergeschlagen wurde.

15 – 16 Zugeständnisse an den amerikanischen Markt: Nahezu alle deutschen Spielzeugfabrikanten konnten ohne den weltweiten Export nicht existieren. Schon in der Auswahl und Gestaltung der Modelle wurde auf die ausländischen Abnehmer Rücksicht genommen. So schuf Lehmann den Cowboy „Bucking Broncho", der ein Pferd zureitet: „Das wildgewordene Pferd, nach hinten ausschlagend, wirft den Cowboy dauernd vornüber, dem aber immer wieder der Sprung in den Sattel gelingt", gibt der Händlerkatalog Auskunft.

Weitaus grotesker fiel die Adaption der Wild-West-Motive bei Eisenbahnen aus. Die nebenstehende Abbildung zeigt zweimal dieselbe Dampflokomotive des Nürnberger Herstellers Karl Bub. Bei der auf Wild-West dekorierten Maschine fehlen, wie beim Vorbild, die Puffer. Dafür ist sie mit dem obligatorischen, rot gestrichenen Kuhfänger, einem erhöhten Schornstein, der typischen Laterne über dem Kessel und einer goldenen Glocke ausgestattet.

Die Firma Märklin im württembergischen Göppingen entstand 1859, die Firma Bing um 1866 in Nürnberg, die Firma Lehmann im preußischen Brandenburg erst 1881. Diese Firmen, die den Weltmarkt für Jahrzehnte beherrschten, profitierten vom allgemeinen Boom der Gründerzeit, die in Deutschland nach dem Krieg mit Frankreich 1870/71 und der Einigung zu einem deutschen Reich gleichzusetzen ist. Wie schon der Name dieses Zeitabschnitts sagt, wurden gegen Ende des 19. Jahrhunderts mehr Industrieunternehmungen gegründet, als je zuvor. Ein typisches Phänomen dieser Epoche war nicht nur das Produzieren mithilfe von Maschinen und billigen Arbeitskräften, sondern der Export in die ganze Welt.

So berichtet der französische Spielzeugexperte Leo Claretie, der mit

15

zum Komittee des von der Pariser Handelskammer geschaffenen „Prix Lépine" gehörte – ein jährlicher Preis, der zur Förderung der französischen Spielzeugindustrie ausgesetzt war – daß „um 1900 von 15 Millionen Spielzeugen, die jährlich von den Vereinigten Staaten importiert wurden, allein aus deutscher Produktion 13 Millionen kamen."
Mit dem „Prix Lépine" versuchte man in Frankreich die einheimische Spielzeugindustrie zu ermuntern, die unter der deutschen Konkurrenz zu leiden hatte. Aus solchen Exportzahlen geht sehr anschaulich hervor, welche Bedeutung die deutsche Spielwarenindustrie auf dem Weltmarkt besaß und wie schwer es die Fabrikanten in England, Amerika und auch in Frankreich gehabt haben müssen, gegen die mit Billiglöhnen produzierenden Deutschen zu konkurrieren. Dieses Übergewicht der deutschen Produktion zog viele Konsequenzen nach sich: Anstatt eigene Werkstätten und Fabriken aufzubauen, zogen es die Engländer jahrzehntelang vor, deutsche Produkte zu importieren.

Obwohl es auch in Amerika mit den Firmen Ives, Stevens & Brown sowie Althof Bergmann eine starke, einheimische Produktion gab, die sich bereits in den sechziger, siebziger und achtziger Jahren des vorigen Jahrhunderts etabliert hatten, wollten auch die Amerikaner auf den Import deutscher Wertarbeit nicht verzichten. Sie war günstig einzukaufen und bot gleichzeitig ein technisches und handwerkliches Niveau, das über den eigenen Möglichkeiten der Industrieproduktion lag. Das war auch der Grund, weshalb in Frankreich, wo eine angestammte Spielzeugindustrie saß, die deutschen Importe zur Zeit der Jahrhundertwende den einheimischen Herstellern starke Konkurrenz machte.

In Deutschland hatte diese Marktsituation zur Folge, daß die Firmen, die sich mit besonderem Erfolg am Exportgeschäft beteiligten, immer größer wurden und kleinere Unternehmen, die oft stilistisch hervorragende Serien produzierten, einfach schluckten, weil sie auf dem internationalen Markt höchstens als Unterlieferanten für die großen Exporteure ihre Chance wahrnehmen konnten. So vermuten auch einige Experten wie die deutschen Spielzeugforscher Dr. Christian Väterlein und Carlernst Baecker, daß beispielsweise die Göppinger Firma Märklin durch die Übernahme der schwäbischen Firma Lutz nicht nur Altblech kaufte, sondern gleichzeitig das stilistische Know-how dieser Firma übernahm. Ähnliches nimmt man von dem traditionellen Unternehmen Rock & Graner, das bereits 1837 gegründet worden ist, an. Mit Sicherheit haben solche kleinen, schwäbischen Firmen ihren Teil zur Prägung des heute hoch geschätzten „Märklin-Stils" beigetragen. Wie bei einem Spielzeugboom, wo zeitweilig mehr Aufträge vorhanden waren als Produktionskapazität, kam es innerhalb der deutschen Firmen zu Liefer- und Unterverträgen, so daß Dampfmaschinenteile, Eisenbahn-Accessoires und Karosserien untereinander ausgetauscht wurden.

Die deutsche Spielzeugindustrie der Jahrhundertwende war vergleichbar mit der japanischen Industrie heute. Auch sie konzentrierte sich auf das Auslandsgeschäft, und man weiß aus zeitgenössischen Berichten, daß ein Spielzeugproduzent wie etwa Lehmann 95 Prozent seiner Artikel ins Ausland exportierte. Die Nürnberger Firma Gebr. Bing organisierte als Demonstration für ihre Qualitätsarbeit auf der großen Weltausstellung in Paris 1900 den größten Spielzeugstand überhaupt. Hier kam es unter anderem zum Kooperationsabschluß mit der englischen Firma Bassett-Lowke, die Spielzeuggeschichte machte. An keinem Beispiel zeigt sich deutlicher, wie sehr der ausländische Auftraggeber dem deutschen Produzenten den Stil des Spielzeugs vorge-

17 Blick in das Vorführzimmer der Günthermannschen Spielzeugfabrik in Nürnberg: Auf einem filzbespannten Tisch konnten die mechanischen Fahrzeuge vorgeführt werden.

Besonders interessant für den Sammler sind die in den Wandregalen ausgestellten Modelle, die das gesamte Produktionsprogramm illustrieren: Ganz oben sieht man die großen Ausführungen der ersten Benzinkutschen mit Passagieren, aus Blech geprägt, darunter Lokomotiven, meist im Wild West-Stil als Bodenläufer. Darunter das Programm der mechanischen Musikclowns, die heute als Raritäten gelten. In der zweiten Reihe von unten erkennt man Varianten zu den Musikanten, tanzende Neger und merkwürdige Phantasiewagen, die von Elephanten oder Biedermeierdamen geschoben werden. Ganz unten stehen weitere, für die Firma typische Produkte: Uhrwerkbetriebene Feuerlöschzüge mit Speichenrädern und Gummibereifung sowie Pferdegespanne in verschiedenen Größen, wie man sie von den Trabrennen her kennt.

MARKE

520

18 Vorhergehende Seite: Zwei uhrwerkbetriebene Lehmanngefährte: Die Blechfiguren auf den Fahrzeugen reagieren auf jede Umdrehung des Antriebsrades, während beide Fahrzeuge im Zickzack dahineilen, versuchen die beiden Fahrgäste im Taxi, mit dem Regenschirm einen Hund, der auf dem Trittbrett mitfahren will, zu verscheuchen. Der Knabe im Vis-à-vis möchte die Lenkung des Fahrzeuges übernehmen. Alle Figuren sind handbemalt, die Fahrzeuge fein lithographiert.

schrieben hat. So kam aus den Nürnberger Fabriketagen Spielzeug, das stilistisch die englischen Vorstellungen von Modellgetreue voll befriedigte, jedoch in der Ausführung deutsche Wertarbeit war, die damals in England zum Billigpreis nicht herstellbar war.

Kurios wurde es, als die deutschen Hersteller sich nicht, wie im Falle Bing/Bassett-Lowke, direkt von den ausländischen Herstellern beraten ließen, sondern nach eigenen Ideen anboten und konstruierten, was ihrer Meinung nach dem ausländischen Geschmack entsprach. Das Ergebnis waren Phantasieprodukte, wie das Beispiel der beiden Dampflokomotiven von Karl Bub auf Seite 19 deutlich zeigt. Vor eine deutsche Lokomotive hatte der fränkische Fabrikant schlicht und einfach einen rot lackierten Kuhfänger gehängt, den Kamin etwas erhöht, eine goldene Glocke angebracht und die obligatorische Laterne auf den Dampfkessel gesetzt. So „amerikanisierte" er sein Spielzeug für den Export. Nicht anders verhielt es sich auf dem Gebiet der Spielzeugschiffe. Hier wechselte z. B. die Göppinger Firma Märklin bei ihrem repräsentativen Linienschiff „Kaiser Wilhelm II" die Panzermasten durch Gittermasten aus und annoncierte das umfrisierte Prachtexemplar als „Battle Ship Dreadnought Type".

Erst der Weltkrieg brachte eine empfindliche Schwerpunktverlagerung, als die durch den deutschen Export benachteiligten Firmen ihre Chance sahen, eine Marktlücke zu füllen. Bezeichnend ist, wie sich der deutsche Spielzeugfabrikant Ernst Plank 1925 seinem Publikum wieder vorstellte: „Zum ersten Mal, nach einer Pause von zehn Jahren, bin ich in der Lage, meiner werten Kundschaft einen Katalog zu bieten, welcher hinsichtlich der Reichhaltigkeit den in den Vorkriegsjahren gewohnten Ausgaben nahekommt", schreibt er im Vorwort seines Hauptkataloges, den Carlernst Baecker in Frankfurt als Reprint in Band 3 „Die Anderen Nürnberger" vollständig abgedruckt hat. Kein Zitat kann treffender die wirtschaftliche Situation nach dem Ersten Weltkrieg verdeutlichen, als dieses neue Lebenszeichen, denn erst nach der Inflation ging es wieder aufwärts. Kein Lebenszeichen indes gab der berühmte Georges Carette; verbittert schloß er für immer sein Nürnberger Werk. Carette war zwar mit einer Nürnbergerin verheiratet, blieb aber Franzose und bekam, als der Erste Weltkrieg ausbrach, mit den deutschen Behörden Schwierigkeiten.

Der Börsenkrach in Amerika forderte indirekt ein weiteres Opfer: Der größte, deutsche Spielwarenfabrikant Bing mußte infolge eines Vergleichsverfahrens seine Spiel-

zeugproduktion Anfang der dreißiger Jahre gänzlich einstellen, denn man hatte sich in Amerika mit einer Tochterfirma so sehr übernommen, daß die Nürnberger Fabrik zum Ausgleich der finanziellen Verpflichtungen den Spielzeugbau aufgeben mußte.
Mit dem Aufschwung der dreißiger Jahre kam gleichzeitig ein trauriger Einbruch: Schon 1933 verließen die ersten jüdischen Spielzeugunternehmer das Land.

Die Geschichte des Hauses Günthermann

Spielzeuge mit dem Signet „SG" oder „ASWG" weisen den Sammler auf eine der ganz großen Firmen hin. Lange Geheimtip in internationalen Sammlerkreisen verbindet sich heute mit dem Namen Günthermann höchste Qualität. In unserem Buch können Produkte aus seiner Nürnberger Fabrik mit den Erzeugnissen der Firma Lehmann aus Brandenburg durchaus konkurrieren.

Die Firma Güntermann griff das alte Thema der mechanischen Musikanten auf und entwarf sehr schöne Vis-à-vis-Automobile, Feuerspritzen, einen sehr populären Billiardspieler und, in den dreißiger Jahren, bunt bedruckte Flugzeuge und Weltrekord-Geschwindigkeitsfahrzeuge wie den „Bluebird" und den „Golden Arrow".

So liebenswürdig und sympathisch die Produkte des alten Nürnberger Unternehmens anmuten, so er-

19 Die Belegschaft der Nürnberger Fabrik für Mechanische Blechspielwaren S. Günthermann anläßlich des 25jährigen Betriebsjubiläums 1902.

scheint uns auch die Geschichte des Hauses.
Sie zeigt auf, wie ein Wandergeselle innerhalb weniger Jahre mit einer Idee und dem nötigen Fleiß eine Fabrik aufbaute. Seine Lebensgeschichte führt uns zurück in das Nürnberg des Jahres 1877.
Am Ende seiner Wanderschaft war der junge Geselle Siegfried Günthermann durch die „verschiedenen Gaue unseres Vaterlandes" nach Nürnberg zurückgekehrt und arbeitete dort in einer Blechspielwarenfabrik, weil er für den Unterhalt seines kranken Vaters aufkommen mußte. Er wohnte zur Untermiete bei einem älteren Fräulein namens Feierabend, der er seine Ideen von einer eigenen Spielwarenproduktion ans Herz legte.

„Als nun Günthermann seiner bewährten Ratgeberin das Projekt anvertraute, wurde ihm in echt mütterlicher Weise der dornige Weg gezeigt, den eine Selbständigmachung mit sich bringt, auf die Gefahr etwaigen Verlustes seiner Ersparnisse hingewiesen und dadurch eine Läuterung des Plans in intensiver Weise bewirkt", berichtet ein Festredner, der 1902 den Werdegang vom einfachen Handwerksgesellen zum avancierten „Welthaus" beschrieb.
Trotz aller Widerstände wurde ein kleiner Handwerksbetrieb gemietet, wo Günthermann Jockeyreiter auf Rädern und winzige Badezimmer aus Blech produzierte.

Die frühen Produkte entstanden noch ganz ohne Preß- und Stanzwerkzeuge und wurden mit der Blechschere ausgeschnitten. Als Unterlieferant konnte er die ersten Maschinen für seine Werkstätte kaufen, die bald aus allen Nähten platzte. Er siedelte um und fand neue Auftraggeber. Die Spielzeuge wurden mit einem einfachen Spiralfederaufzug, wenig später schon mit kleinen Uhrwerken ausgestattet.

Aus dieser Zeit stammen die ausladenden Landauer und Droschken mit Pferden, die durch einen Mechanismus vollkommen beweglich wurden, sobald das Gefährt über den Boden fuhr. Nach dem Erfolg mit diesen, den späteren Stil bestimmenden Gefährten bereicherte Günthermann sein Produktionsprogramm durch bewegliche Tierfiguren, in die er Stimmen einbaute, welche er aus der thüringischen Spielzeugstadt Sonneberg bezog.

Bereits nach sieben Jahren besaß der fleißige Günthermann ein großes Fabrikanwesen mit Presserei, Lackiererei und allen notwendigen Maschinen. Selbst eine Verpackungsmaschine wurde angeschafft, um bei der Verpackung in maßgerechte Kartons von anderen Zulieferanten unabhängig zu sein.
Als sechs Jahre später der Firmengründer im Alter von 39 Jahren verstarb, war der Weg für ein Großunternehmen in stilistischer wie auch technischer Hinsicht organisatorisch festgelegt. Kurz darauf begann man, eine eigene Produktionsabteilung für Uhrwerke einzurichten, um auch in diesem Punkt unabhängig zu sein. Man investierte neueste Maschinen, verlegte Gasleitungen zum Löten, installierte nach dem Abreißen der alten Fabrik eine neue Packerei und Lackiererei, ein großes Musterzimmer

20 Das kleine Mädchen mit dem farbig litographierten Kinderwagen ist typisch für die Produktion von Günthermann aus den zwanziger Jahren. Der Uhrwerkmechanismus laßt das Kind gehen, den Wagen rollen und das Baby lebhaft mit der Rassel hantieren. Im Katalog des Großhändlers Kohnstamm von 1928/30 ist dieses lebensnahe Modell „Mit Stimme" aufgeführt!

sowie ein Lager für halbfertige Produkte. Mit hundert Maschinen (Pressen, Drehbänke, Fräshobel) war auch diese umgebaute Fabrik bald wieder zu eng, und man ging, ermuntert durch den erfolgreichen Geschäftsablauf, daran, eine moderne Fabrikanlage mit über 5.000 qm Arbeitsfläche und einer stattlichen Straßenfront von 50 m zu erwerben.

Den Bericht, den ein Besucher geschrieben hat, ist heute wohl das lebendigste Dokument, das es über die Spielwarenherstellung um 1900 gibt: „Ein gewaltiger, billiardähnlicher Tisch dient zum Vorführen der wunderbaren Sachen. Da saust eine gewaltige Lokomotive mit Tender eilend dahin, während ein Automobil mit ‚echten Gummireifen' soeben in Konkurrenz zu treten bestrebt ist. Eine Zirkusepisode, ein Clown auf ruppigem Borstentier, daneben unser Langohr mit humoristischem Reiter, Seiltänzer, karrenschiebende Hunde, dazwischen die eilige Feuerwehr auf glockenläutenden Wagen und viele, viele andere Sachen…" Dann ging es in die Modellwerkstätte: „Neuheiten sind die Losung des Tages! Neuheiten verlangt der Exporteur, verlangt das

Publikum. Welch einfacher Begriff – aber riesige Arbeit!

Ist eine Idee als ausführbar aufgenommen, gilt es eine Skizze, eine Zeichnung zu entwerfen, wonach von einem Künstler in Holz ein Modell geschnitzt werden muß. Von diesem werden Matrizen mit entsprechendem Kern gemacht, die in Gips abzuformen sind, um in der Gießerei gegossen zu werden." Dann erläutert der Berichterstatter die aufwendige Arbeit am Beispiel eines Reiters mit Pferd, für dessen beweglichen Kopf und Arme zwölf Matrizen und zwölf Kerne notwendig sind: Zwei für den Kopf, zwei für die Arme, zwei für den Körper, zwei für jeweils ein rechtes und linkes Bein, zwei für Pferdekopf und -hals, zwei für die Seitenteile des Pferdes. Dazu kommen sogenannte „Schnitte", jene Formen, die das Ausstanzen der Teile aus der Blechplatte ermöglichen.

„Jetzt erst kann an das eigentliche Zusammenbauen und Ausprobieren gedacht werden. Wie oft muß da und dort geändert werden und wird die Geduld auf eine harte Probe gestellt – bis zuletzt in vollendeter Weise das erste Stück einer Neuheit vor uns steht. Wie groß der von der Idee zurückgelegte Weg ist, kann sich jeder nun lebhaft vorstellen.

Betreten wir die mechanische Werkstätte, so staunen wir über die Masse der Hilfsmaschinen aller Art, wie Drehbänke, Bohr- und Hobelmaschinen etc. Direkt am Fenster stehen in langer Reihe die Schraubstöcke, jeder von fleißiger Hand bedient, während noch reichliches Licht auf die praktisch aufgestellten Maschinen fällt. Nicht vergessen darf ich der gewaltigen Esse, wo glühendes Eisen funkensprühend die Schmiede verrät. Jahraus, jahrein sind Dutzende von Leuten beschäftigt, die nötigen Stanzen, Schnitte und Werkzeuge zu liefern oder die in der daranstoßenden Gießerei hergestellten Formen zu justieren und montieren, während die besteingerichtete Dreherei dabei eingreift, wo Feile und Meißel unzulänglich sind.

Eine große Reihe hoher Regale ist nötig, um die tausende und abertausende von Stanzen und Werkzeuge unterzubringen und ‚täglich kommen neue hinzu'. Da jedes einzelne Stück aus Stahl mathematisch genau passen muß, kann man die Kostspieligkeit dieser notwendigsten aller Werkzeuge begreifen. Hierauf beruht auch die Konkurrenzfähigkeit des Etablissements. Oft wurde jahrelang an einer parktischen Neuerung studiert, bis es gelang, in bahnbrechender Weise einen Zweig der Fabrikation fortschrittlich aufzubauen.

Die bloße Aufzählung der verschiedensten Momente in der Herstellung derselben dürfte genügen, um einen Ausblick auf die übrigen Geschäftseinrichtungen zu machen. Dies war auch mein Gedanke, als ich den Räumen zuschritt, in denen die eigentliche Fabrikation vonstatten geht.

Prägerei, Presserei, Stanzerei etc. – in einem Saale mit doppelter Fensterreihe stehen eine Menge Spindelpressen, Friktionspressen für Hand- und Kraftantrieb, die auch

21 Blick in die Lackiererei von Günthermann. Das Handlackieren war damals hauptsächlich Frauenarbeit. (Reproduktion mit freundlicher Genehmigung aus dem Reprintwerk „Die anderen Nürnberger“ Band 2)

von Frauen und Mädchen bedient werden können.“ Dann wandelte der staunende Zeitgenosse an noch schwereren Prägepressen vorbei, an Schneide- und Exzenterpressen, Parallelscheren zum Streifenschneiden. „Köpfe, Füße, Beine, Teile von Tieren und Lokomotiven, Eisenbahnwaggons sowie dutzend andere Sachen kommen hier aus einfachen weißen und farbigen Blechstreifen zum Vorschein und füllen Körbe und Kästen“, heißt es weiter in dieser interessanten Beschreibung der modernen Fabrikationsmethoden bei Günthermann.

Nachdem die Halbfabrikate fertiggestellt sind, werden sie in einem Magazin gestapelt. Hierfür sind bei der Modellvielzahl und der Vielzahl der Einzelteile jedes einzelnen Modells große, übersichtliche Lagerräume nötig gewesen. Von hier aus wurden die vorgefertigten Teile zur Montage in die sogenannte „Flaschnerei“ weitergegeben, wo sie entweder zusammengelötet oder zusammengelascht werden. „Die fertiggestellten Sachen gelangen nun wohlgezählt in das Magazin für unlackierte Waren. Jedes Stück wird einer Revision unterworfen und dann erst in die langen Reihen der Regale nach der Katalognummer untergebracht.“

Dann wandert der Berichterstatter weiter in die Abteilung, wo die sogenannten „Uhrwerk-Fournituren“ angefertigt werden, und lobt die rationelle Fertigungsmethodik.
Über 60 000 Dutzend solcher Uhrwerke fertigte Günthermann damals

22 – 24 Die Märchenwelt der Gebrüder Grimm aus Blech geprägt mit mechanischem Innenleben:
Das Rotkäppchen von Issmayer repräsentiert den Typ des frühen, deutschen Blechspielzeugs. Die Figuren sind sehr sorgfältig bemalt und plastisch ausgeprägt.

Die Alte fährt mit ihrer Gans im Käfig zum Markt, und der Knabe schaukelt auf dem Bernhardinerhund, sobald das Uhrwerk läuft. Der Reiz der handbemalten, frühen Blechfiguren liegt in den ausdrucksstarken Gesichtern.

Aus geprägtem Blech und mit wenigen Pinselstrichen verstanden es die Spielzeugfabrikanten, den Eindruck einer echten Hexe wiederzugeben. Der verborgene Bewegungsmechanismus erweckt solche Figuren vollends zum Leben.

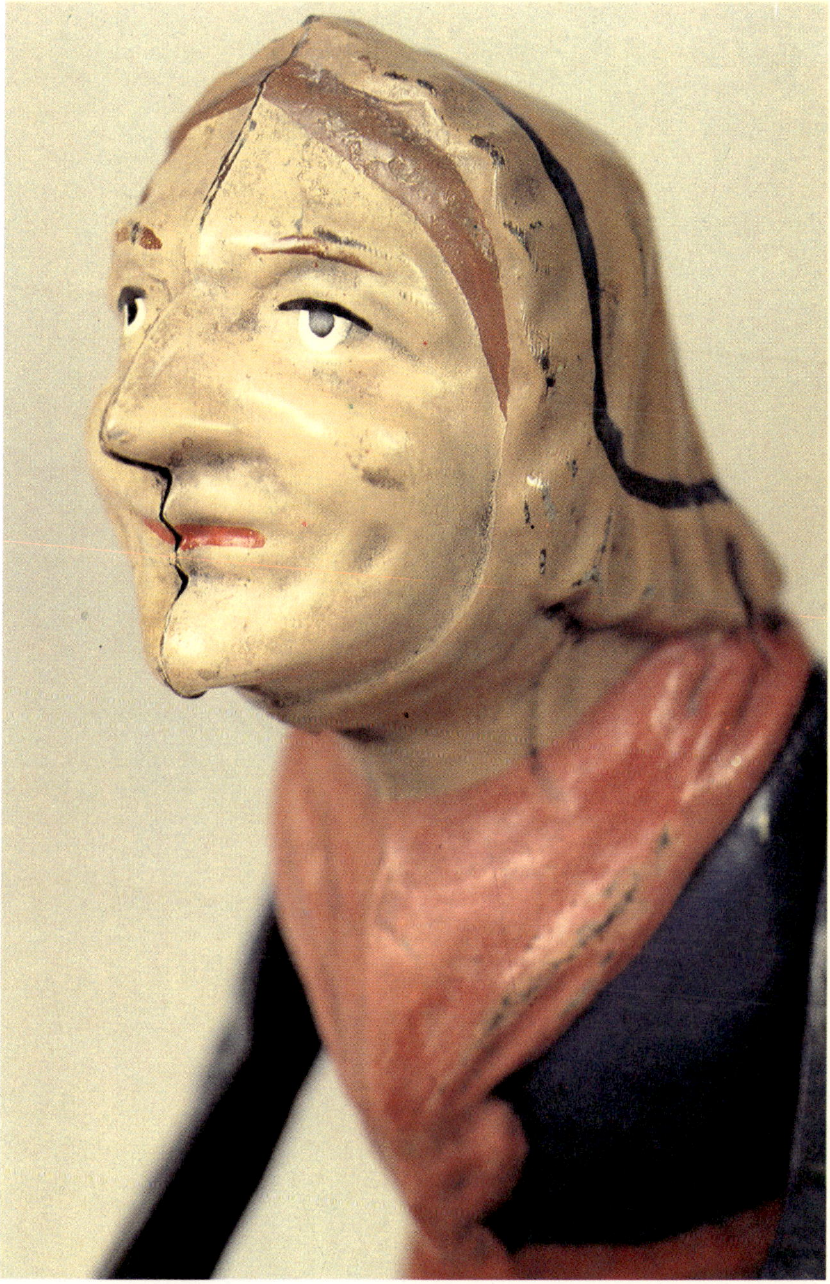

im Jahr, wozu 25 Spezialfräsmaschinen im Einsatz waren, um die notwendigen Scheiben, Zahnräder, Rollen und Aufziehstifte in Masse zu produzieren. Es wird weiter beschrieben, wie die kleinen Zahnräder 25stückweise auf einmal zackig gefräst werden, die Aufziehstifte aus starkem Eisendraht mit automatischen Fräsen geformt und Lokomotivekessel maschinell doppelt gefaltet werden, um zeitraubendes Löten zu vermeiden. Und immer wieder werden diese Einzelteile nach Modellnummern abgelegt und für die Weiterverarbeitung bereit gehalten. Es wird ebenso detailgenau berichtet, wie in der Lackiererei die handlackierten Modelle bemalt werden und anschließend in einem 15 m langen Trockenofen mit Dampfheizung kommen. „Aus dem leicht mit Farb- und Lackdünsten geschwängerten Raume gelangen wir zur ‚Nachkontrolle, Fertigmachung und Verpakkung'. – Da nur feine und feinste Spielwaren, die sich durch tadellosen Mechanismus auszeichnen, geliefert werden, so war und ist es erstes Grundprinzip, jeden einzelnen Gegenstand einer absolut gewissenhaften Nachkontrolle zu unterziehen." Danach wird das Verpacken in Spezialkartons gezeigt. „Die Kartonagenfabrikation, in einem der obersten Stockwerke untergebracht, verarbeitet jährlich 1000 Zentner Pappe und viele Zentner Draht. Pappscheren, Heft- und Schneidmaschinen, Eckenstanzen nebst sonstigen praktischen Hilfskräften lassen auch diesen Teil des Geschäfts gewinnbringend arbeiten. Ein mächtiger Gasmotor mit zwölf Pferdekräften, dem als Reserve Elektromotoren zur Seite stehen, ist von früh bis abends tätig, überall die bewegte Kraft den rastlos tätigen kleinen und großen Maschinen zuzuführen."

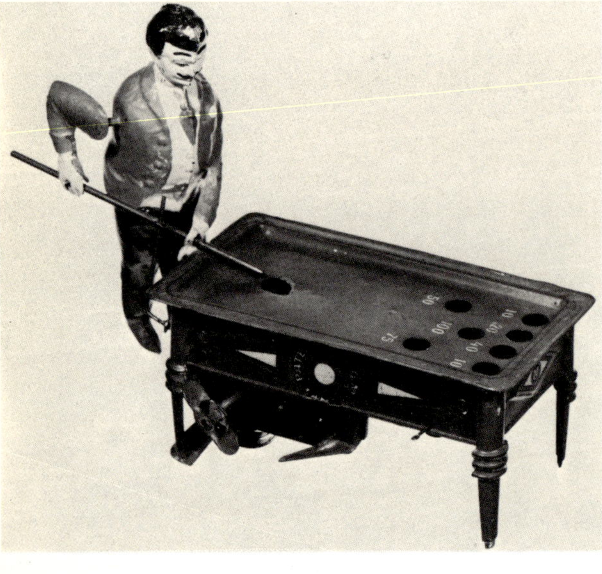

25 Günthermanns Billardspieler ist handbemalt und mit einer automatischen Ballrückgabe ausgestattet. Sein Billardtisch trägt das Günthermann-Firmenzeichen.

Der Lehmann-Stil

Über einem langgezogenen, fünf Stockwerke hohen Fabrikgebäude aus Backstein zieht ein Zeppelin mit zwei kleinen Gondeln seine Kreise. Am flach gezogenen Horizont über der Fabrik erkennt man Kiefernwälder, die in die Weite führen. Mitten in den abendroten Himmel ragt ein rauchender Fabrikschlot, wie man ihn von den Fabriken des letzten Jahrhunderts kennt. Der Rhythmus der schmalen Fensterreihen wird nur durch kleine Giebel, jeweils über den Treppenhäusern, unterbrochen, die an nördliche Backstein-Gotik erinnern. Vor dem Gebäude hält ein Pferdefuhrwerk und einige Automobile, Jahrgang 1905.

Diese Szene spielt sich auf einer Spielzeugschachtel ab, und der Zeppelin, der über dem langgezogenen Backsteingebäude kreist, ist ein sogenannter EPL II, Modellnummer 652, von Lehmann. Mit dem Fabrikgebäude auf der Schachtel verewigte man ein getreues Abbild des „Patentwerks" von Ernst Paul Lehmann in Brandenburg a. d. Havel, in der Nähe von Berlin.
Eine Spielzeugfabrik hätte man sich vielleicht idyllischer vorgestellt, doch entstanden die heute so individuell wirkenden Blechkuriositäten in solchen Fabriken. Der Zeppelin hoch über dem rauchenden Schlot mag den Höhepunkt des Unternehmens symbolisieren, das

26 Bei Lehmanns "SNICK SNACK" wird der Hundebesitzer im modischen Jakkett mit karierten Hosen von seinen beiden Terriern abwechselnd im Kreise herumgezerrt. Jeder will in eine andere Richtung. Der Durchmesser des aufregenden Hundespaziergangs mißt insgesamt 24 cm.
Das seltene Spielzeug stammt aus den späten zwanziger Jahren.

27 – 29 „OH-MY“ von Lehmann.
Der steppende Neger wird durch einen Stangenmechanismus in Bewegung versetzt. Lehmann-Spielsachen werden gerne mit dem Original-Karton gesammelt, weil dieser zusammen mit der Gebrauchsanleitung den ausgefallenen Stil dieser Firma ergänzt.

Das hier abgebildete Modell in sehr gutem Erhaltungszustand wurde in beträchtlicher Auflage von 1910 bis in die dreißiger Jahr hergestellt. Gesamthöhe der lustigen Step-Show: 26 cm.

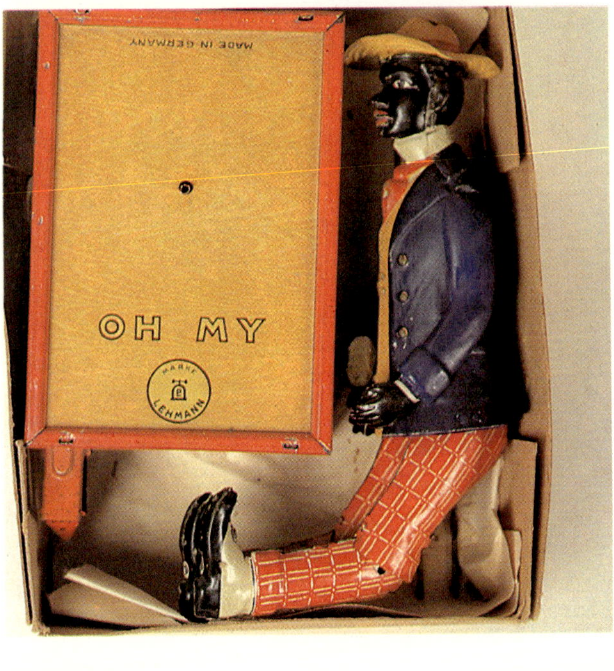

30 Der Fahrer lenkt „ganz natürlich mit den Händen" (wie bisher noch bei keinem Spielzeuge) mit der Lenkstange das Rad hin und her, um durch diese kurzen Lenkungen seine ängstliche, im Wagen sitzende Braut zu erschrecken und sie trotz ihres lebhaften Winkens und Aufstehens am Aussteigen zu hindern. Kommt der Fahrer endlich zum Stillstande, so hakt man den Anhänger vorsichtig ab, worauf der Fahrer allein noch vergnügt weiterfährt", erläutert die Gebrauchsanleitung, die in der Schachtel zu Lehmanns „Ängstlicher Braut" mitgeliefert wurde.

31, 32, 33 Rechte Seite: Lehmanns „SKIROLF", „AJAX" und „Walking Down Broadway" zeigen, daß Lehmann von den späten Jahren des 19. Jahrhunderts bis in die dreißiger Jahre seinem unverkennbaren Stil treu geblieben ist. Der „Ski Rolf" stammt aus den späten zwanziger Jahren, der „Ajax" aus dem Jahre 1910 und das Paar „Walking Down Broadway" von 1890/1900.

nur knapp zwanzig Jahre vor dieser Darstellung gegründet wurde. Bevor man sich mit Erfolg der Herstellung patentierter Spielzeuge zuwandte, wurden Dosen für Anilinfarben produziert. Heute indes kann kein Sammler am Namen „LEHMANN" vorbei.

Zum Verdienst und Erfolg dieser Firma gehört es, daß sie nahezu perfektes Blechspielzeug, nicht als Einzelstück, sondern als Industrieprodukt mit dem dazugehörigen Vertrieb, der attraktiven Werbung und einem preisgünstigen Marketing geschaffen hat.

Die Firma Lehmann hat sich nicht nur mit der Entwicklung von Blechspielzeug beschäftigt, sondern sich außerdem vieles einfallen lassen, um ihre Produkte weltweit zu verkaufen. So gehört zu jedem echten Lehmann-Spielzeug die Original-Verpackung mit dem farbig bedrucktem Etikett, das auf das jeweilige Spielzeug hinweist, und eine ausführliche Gebrauchsanweisung. Stilistisch scheinen Design und Inhalt der Verpackung aus einer Hand zu stammen. So schnittig, komisch oder originell die Schachtel aussieht, so ist auch deren Inhalt,

34 Komische Gefährte mit Schwungradantrieb: Um das „DUO“ von Hahn und Hase in Bewegung zu setzen, „wickle man die Schnur etwa zehn mal um die Rolle und halte dabei das andere Ende mit der linken Hand fest. Dann ziehe man kräftig an der Schnur, indem man sie gleichzeitig am anderen Ende losläßt. Setzt man nun das Spielzeug auf eine ebene Fläche, so wird der Gockelhahn ganz natürlich die Beine setzen und mit dem Wagen davoneilen, während der kleine, muntere Hase, auf dem Ei sitzend, die Ohren spitzt.“

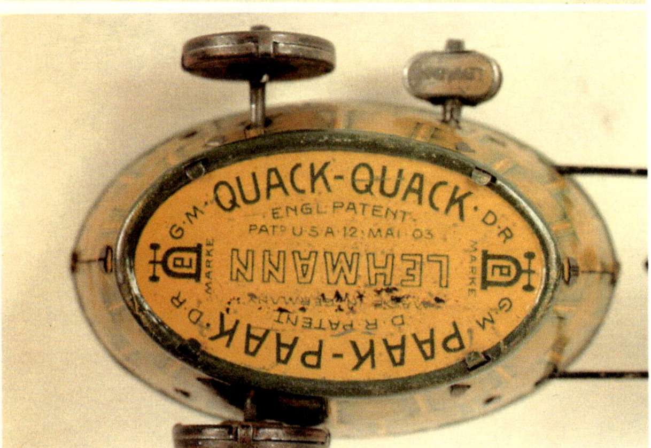

35 – 36 Mit Schwungrad oder Uhrwerk gab es dieses Entengespann mit dem sinnigen Namen „QUAK QUAK“ von Lehmann.

37 Thurn und Taxis auf afrikanisch: Um die „Africa Post" in Bewegung zu setzen, braucht man eine Schnur, mit der man das Schwungrad des Straußengefährts anwirft. Der Neger von der Post strampelt aufgeregt mit Händen und Beinen, während der Vogel Strauß kopfwackelnd sich ins Zeug legt. Im dunkelroten Wagen ist ein Briefkasten angebracht mit einem Blechschlitz und einer Leerungsklappe.

und man erlebt nicht, wie bei anderen Fabrikanten, eine herbe Enttäuschung, wenn man in einer pompös aufgemachten, vielversprechenden Schachtel mit großem Titelbild nur ein einfaches Blechspielzeug auspacken kann.

Genial für das Marketing war auch die phantasievolle Namensgebung eines Spielzeugs, die selten ohne Doppelsinn und Witz gewählt wurde: Ein Chinese, der seine Teekiste zieht, heißt NU-NU, ein Maschinengewehr EMGEH, das Gespann aus Gockel und Hase sinnigerweise DUO, die komische Africa-Post ZULU, ein rotes Elektroauto AHA, ein einfaches Gefährt mit Fahrer ALSO, eine Dreiradkutsche, auf der sich ein Herr durch die Tropen chauffieren läßt, ONKEL – eine Variation dazu, in Erinnerung an Amundsens Nordpolfahrt, nannte man AM POL und zwei Kulis mit einer Sänfte, in der ein chinesischer Würdenträger sitzt, MAN-DA-RIN. Was hier als Produktionsprogramm angeboten wurde, ist wahrhaftig international und brauchte in der Konzeption nicht für den Export abgewandelt oder verändert zu werden. Als „world famed Patent Lehmann Toys" empfiehlt daher der Spielzeughersteller den Händlern aller Länder in seinen Katalogen: „New friends will find in this splendid range of Mechanical Toys a fresh

AM POL
D.R. PATENT

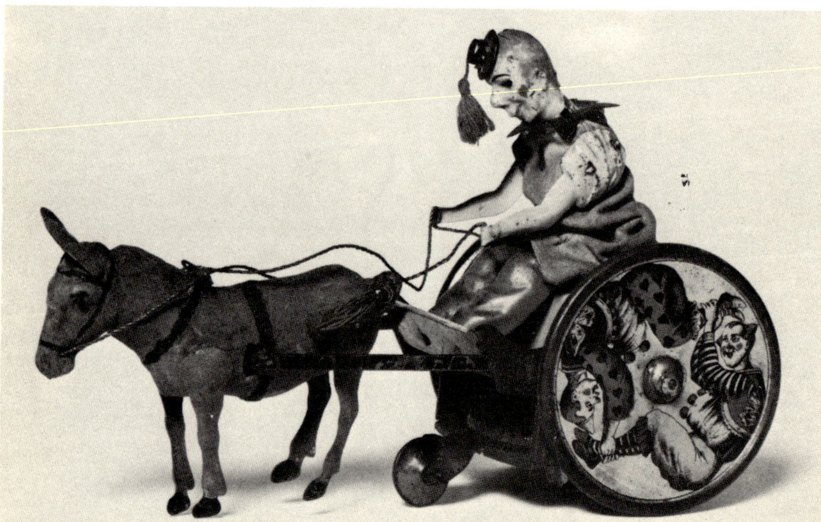

interest, assuring an increased turnover and larger profit."

In Anbetracht der Exportquote von über 95 Prozent der Produktion muß man diesen Versprechungen vom schnelleren Warenumschlag und höheren Gewinn durchaus zustimmen. So wie man von einem eigenen Lehmann-Stil sprechen kann, ging man auch von einem ausgewogenen Lieferprogramm aus, das alle Bereiche vom doppelstöckigen Omnibus über Zirkusfiguren bis zum bodenrollenden Kriegsschiff umfaßte.

Wie sehr die schnurrenden, wakkelnden und zickzackfahrenden, früher handgemalten, später bunt lithographierten Blechmodelle in aller Welt beliebt waren, zeigt ein Katalog, den die Herausgeber der Katalogreprintserie „Die Anderen Nürnberger" von einem Spielwarenimporteur aus Rangoon (im damaligen, englischen Hinterindien) aufgetan haben. Dort präsentiert eine Rowe & Co., Ltd. das vollständige Programm der Lehmann-Patent-Toys, und man kann sich lebhaft vorstellen, wie die Kinder der Kolonialbeamten und Kaufleute vor den Augen der erstaunten Birmesen den Gepäckträger ADAM über den Steinboden marschieren ließen oder PADDYs Künste auf dem „Tanzenden Schwein" vorführten.

38 Mit einem leichten Blechdreirad zum Nordpol:
Anläßlich des 25jährigen Jubiläums der Nordpolexpedition von Amundsen hatte Lehmann eine überraschende Idee. Man gestaltete ein bislang bewährtes, handlackiertes Modell mit ähnlichem Thema einfach um.
„Der Onkel fährt durch die Welt mit dem Hute grüßend, der Neger dreht den Schirm", lautete die ursprüngliche Beschreibung dieses ulkigen Dreirades. Bei der vollständig lithographierten Neuauflage grüßt nicht der Onkel aus den Tropen, sondern eine Blechfigur, die überzogen ist mit fein lithographiertem Pelz. Selbst der Zylinder sieht aus, als wäre er mit Pelz bezogen. Was vorher ein Neger war, wurde bei diesem Modell ein in Pelz gekleideter Pikkolo. Anstelle des bunten Sonnenschirms sieht man einen Teil der Weltkugel. Das ehemalige südliche Modell „ONKEL" wurde in der nördlichen Variante mit dem Titel „AM POL" versehen.
Beide Modelle sind sehr formschön, jedoch in der Ausführung materialsparend aus sehr dünnem Blech verlascht.

39 „Der störrische Esel" zählt zu den häufigsten und erfolgreichsten Modellen aus dem Stalle Lehmann. Der Uhrwerkmechanismus treibt die Räder an, läßt den Esel bocken und den Clown verzweifelt kutschieren.
Eine Variante dazu heißt „ZIKRA", ein mexikanisches Zebragespann, das inzwischen von einer russischen Firma in ähnlicher Form, aber anderer Lithographierung neu aufgelegt worden ist.

40 Mit „Lehmann's tanzendem Schwein" wird schon auf der Verpackung von 1903 ein lustiger Zirkusakt angekündigt. Der reitende August mit seinen langen Rockschößen versucht verzweifelt, sich auf dem schwankenden Ungetüm zu halten.
Im Zirkus holten sich damals die Blechspielzeughersteller gerne neue Anregungen für ihre mechanischen Sensationen.

41 – 42 Das Zirkusplakat zeigt, welche Faszination die Trapezkünste auf die Menschen ausübte.
Der französische Trapezkünstler aus Blech (rechts oben) führt halsbrecherische Turnkunststücke vor, wenn sein Uhrwerk aufgezogen ist. Wie sein Kollege von der Feuerwehr, der ihm zuhilfe kommt, ist er handlackiert und nicht, wie spätere Ausführungen, aus farbig bedrucktem Blech.

43 Das Model „Le Pêcheur à la ligne“ stammt von 1892 und ebenfalls von der produktiven Firma Fernand Martin. Der in dem Stein, auf dem der Angler sitzt, untergebrachte Uhrwerkmechanismus bewerkstelligt die naturgetreue Bewegung eines angelnden Franzosen.

44 „Le Gai Violoniste“, datiert von 1902 — der Stehgeiger von Fernand Martin errang Gold- und Silberauszeichnungen. „Um dieses hübsche Spielzeug in Bewegung zu setzen, ziehe man es an dem seitlich angebrachten Schlüssel auf und stelle es auf eine ebenmäßige, horizontale Fläche“. Typisch für die französischen Bewegungsfiguren aus dem Hause Martin sind handbemaltes Blechgesicht, Hände und Schuhe sowie die Stoff-Kleidung, die das mechanische Innenleben verdeckt.

45 „La Conquête du Pole Nord“ schuf Fernand Martin anläßlich der großen Polarexpeditionen. Um den Nordpol, der durch einen beschwerten, weiß bemalten Blechhügel dargestellt ist, saust an einer Leine ein Hundeschlitten mit Uhrwerkantrieb. Der Polarpionier im Pelz schwenkt Flagge und Peitsche.

Maître Martin

Wie sehr die Persönlichkeit eines Fabrikanten den Spielzeugstil prägen kann, beweist wohl am besten ein französisches Beispiel. Mit beweglichen Figuren, die kleine Leute von der Straße, Tiere und Alltäglichkeiten darstellten, gelangte ein Mann namens Fernand Martin zu Weltruhm.

Das Erfolgsgeheimnis seiner Produktion lag in der einfachen Herstellungsweise wie auch in den liebenswürdigen Motiven. Seine Spielzeuge hatten nicht den Lehrcharakter, der die Erzeugnisse vieler deutscher Hersteller auszeichnete, sondern imitierten Situationen aus dem täglichen Leben. Sie wirken romantisch, charmant und leicht ironisch. Da läuft ein Stehgeiger mit Zylinder und streicht mit erhobener Hand sein Instrument, da schmiert ein Friseur einem Kunden Pomade auf die Glatze, da mäht ein Feldarbeiter

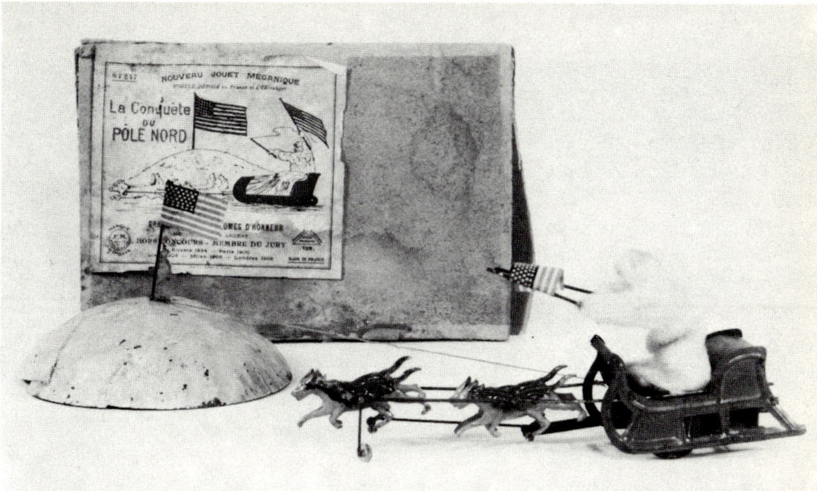

emsig mit der Sense, da torkelt ein Trunkenbold mit der Flasche in der Hand herum, da balanciert ein Bistro-Ober ein vollbeladenes Tablett oder hält ein Anwalt mit überzeugenden Gesten sein Plädoyer.

Diese beweglichen Figuren mit ihren treuen Blechgesichtern und bunten Kleiderfetzen wirken heiter und amüsant. Die Lebensart des großen Meisters kommt sehr oft ganz deutlich zutage, wenn er, wie bei einer kleinen bretonischen Magd, die Mißgeschicke des Lebens zeigt. Sie versucht mit einem viel zu hohen Tellerstapel zu laufen und verliert dabei einen Teller nach dem anderen. Alle Teller sind mit einer Spirale verbunden, so daß sie auch schwungvoll zu Boden gehen können.

Als der aus Amiens stammende Fernand Martin 1878 in Paris seine Firma eintragen ließ, beschäftigte er bald über hundert Leute, die Bleche prägten, Kleider schneiderten, Mechanismen einbauten und Gesichter bemalten. Alten Berichten zufolge, muß der Pariser Spielzeugkönig bis zu 800.000 seiner Figuren pro Jahr ausgeliefert haben. Sein Geschäft lag am Boulevard Ménilmontant, wo er dreißig Jahre lang mehr als hundert verschiedene Modelle ins Leben rief.

Als neues Hilfsmittel hatte er sich eine Kodak-Kamera zugelegt, mit der er durch Stadt und Land reiste und, so wird berichtet, „mit versteckter Kamera“ Motive einfing. Die Lebensnähe und das Milieu, das seine Spielzeuge ausstrahlen, lassen solche überlieferten Berichte glaubwürdig erscheinen. Mit seinen „petits bonhommes“ kam Martin auch zu hohen Ehren: Über dreißig Gold- und Silbermedaillen wurden ihm im In- und Ausland für seine Spielzeuge verliehen.

Da er für die Spielzeugindustrie als Pariser Unternehmer wirtschaftlich bedeutend war, wurde er, als einziger Spielzeugfabrikant Frankreichs, in die Ehrenlegion aufgenommen.

Ein Jahr zuvor hatte sich der Spielzeugkönig sogar einen Platz im Museum sichern können, als er über hundert Modelle – von jedem eines aus seiner Produktion – dem technischen Museum von Paris, dem „Musée des Arts et Métiers“ als Geschenk überließ. Diese Stiftung hat für den Spielzeugsammler heute zwei positive Aspekte: Erstens wurde eine Liste aller von Martin geschaffenen Figuren angefertigt (abgedruckt in Mary Hilliers Buch „Automata & Mechanical Toys“), aus der man genau ersehen kann, wann ein Stück entstanden ist, zweitens sind die Modelle heute in einer großen Glasvitrine öffentlich ausgestellt, und man kann sich einen guten Überblick über Martins gesamtes Produktionsprogramm verschaffen.

Schon 1880 brachte er einen Ruderer im Boot heraus, ein Jahr zuvor einen Fisch mit wackelndem Schwanz, 1881 den „Grenouille nageuse“ – einen grünen, schwimmenden Frosch. Besonders amüsant sind Figurengruppen mit Gummibandmechanismus wie beispielsweise „Les fameux duellistes“ – zwei Duellanten, die wild mit dem Säbel aufeinander losgehen oder „Les joyeux danseurs“ – ein tanzendes Paar. Aus der Arbeitswelt übernahm Martin Szenen, die er total aus Blech preßte und die mit einem Gummiband in Bewegung versetzt werden konnten: Zwei Holzsäger, die unermüdlich aus einem Klotz Bretter sägen, zwei Feuerwehrleute

46 Ein sehr frühes Blechspielzeug ist „Le Sonneur“ aus dem Hause Fernand Martin. Das Modell gehört zu den ersten Entwürfen des französischen Spielzeugherstellers und ist bereits 1885 belegbar. Über einen Gummizug kann man den Glöckner in Bewegung setzen, im bleibeschwerten Blechsockel sind die Initialen „FM“ und ein Hinweis auf das Patent eingeprägt. Schon aus der Farbgebung, die leicht changierend ist, erkennt man die französische Herkunft.

47 „L’Eminent Avocat“, ein Staatsanwalt beim Plädoyer gehört zu einer Gruppe mechanischer Blechfiguren, die typische Berufe nachahmen. Der schwarz gekleidete Anwalt aus Blech bewegt, auffällig gestikulierend, Kopf und Arme.
Laut einer original erhaltenen Liste ist diese 22 cm große Berufskarikatur 1905 entstanden. Nahezu alle Modelle des Pariser Spielzeugbauers Fernand Martin sind im „Musée du Conservatoire des Arts et Métiers“ in Paris zu bewundern, denn diesem Museum hat Martin je eines seiner Spielzeugmodelle vermacht.

an einer Pumpe oder „Le sonneur en diable“ – ein Glöckner, der die Feuerglocke in Schwingung versetzt. Auch der Schwungradantrieb fand bald Verwendung, als es darum ging, einen Reiter auf drei Rädchen fahren zu sehen, den Expreßdienstmann mit seiner Schubkarre laufen zu lassen oder wenn sich eine Französin von einem Kuli in einer Rikscha zu einer Stadtfahrt kutschieren ließ, eine Szene, die Martin in seinem berühmten Modell „Le pousse-pousse“ wiedergibt. Den frappierend ähnlichen Motiven nach zu urteilen, scheint Lehmann von der volkstümlichen Machart des Franzosen profitiert zu haben.

Zu dem reichhaltigen Angebot der

48 – 49 „Die geheimnisvolle Kugel" war weltbekannt und eine Attraktion im internationalen Zirkusleben. Mit dieser Nummer gastierte auch ein Wanderzirkus in Magdeburg. Fernand Martin hat sie naturgetreu aus Blech nachgebildet. Die Miniaturausgabe dieser aufwendigen Zirkusattraktion aus Blech ließ sich Fernand Martin als „Le Boule Mistérieuse" patentieren. Wenn sich die kleine Blechkugel nach einer halsbrecherischen Spiralfahrt öffnet, präsentiert sie einen winkenden Blechakrobaten. Das Zirkusplakat, das übrigens in verschiedenen Sprachen von mehreren Zirkusunternehmen existiert, demonstriert deutlich, wo sich die damaligen Blechspielzeugfabrikanten die Anregungen für ihre Modelle holten.

50 Spielt man auf den fünf Fingertasten am Sockel, so beginnt der kleine Blechpierrot Hände, Füße und Kopf zu bewegen und mit seinen Schellen zu läuten. Diese 26 cm hohe mechanische Rarität von ca. 1916 ist eines der frühesten Erzeugnisse der französischen Firma Victor Bonnet & Cie.

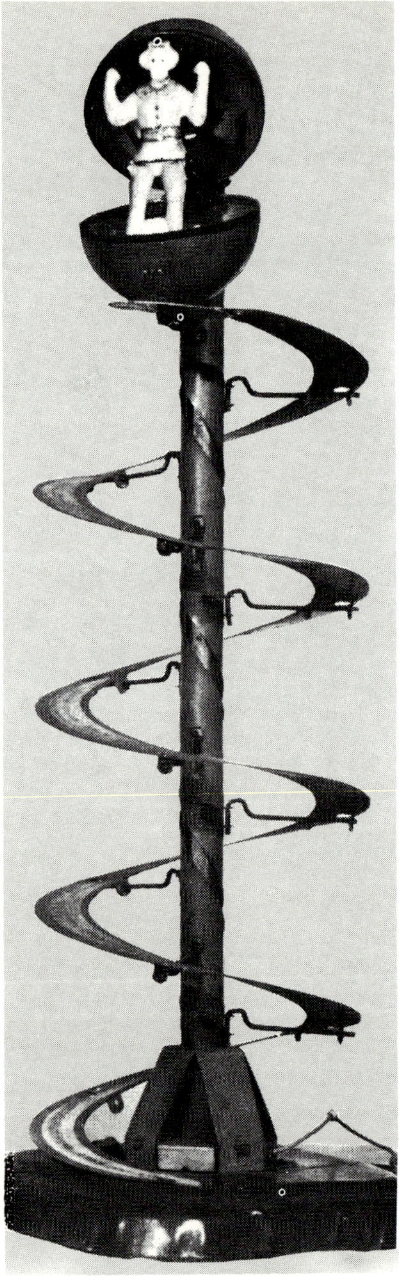

51 Den vollen Charme eines Provinzzirkus fängt dieses französische Schwungradgefährt ein. Während sich Trommel und Ziegenbock vorwärtsbewegen, schlägt der Clown mit seiner Peitsche auf den Bock – ein komisches Satyrspiel für Kinder der Jahrhundertwende.

52 Für's Vaterland marschiert dieser französische Blechsoldat mit Tornister und Säbel. Beim Marschieren hält er tapfer die französische Fahne hoch. Auch die frühen fanzösischen Blechfiguren waren, wie ihre deutschen Gegenstücke, handbemalt.

„Jouets automatiques" von Fernand Martin zählen auch Tiere. Er brachte einen 21 cm großen Pfau aus schillernd buntem Blech heraus, der den Kopf drehen und dabei ein Rad schlagen konnte, außerdem eine gurrende Ringeltaube, die auf drei Rädern läuft und mit dem Kopf wackelt, auch einen Krebs, der sich ebenfalls auf Rädern vorwärtsbewegt und dabei wild mit den Scheren gestikuliert. Uhrwerkbetrieben waren und hauptsächlich Pferde und Figuren wie „Le petit livreur" – ein Knabe mit einem kleinen Wagen, „Le cab", ein Modell der Londoner Hansomtaxis sowie das Modell „Les boeufs" – ein selbstfahrender Ochsenwagen. Der Weltruhm und das heutige Interesse der Sammler liegt aber wohl in den kleinen, populären „Automaten" begründet, die das Milieu der damaligen Zeit meisterhaft widerspiegeln. Die Friseure, Kellner, Dienstmänner, Stehgeiger, Wäscherinnen, Trunkenbolde und Polizisten von Martin sind ein Stück Spielzeuggeschichte. Sie spiegeln charmant und fröhlich den Zeitgeist der Jahrhundertwende wieder.

Automobile

Am 3. Juli 1886 führte Karl Benz in Mannheim zum ersten Mal seinen benzingetriebenen Motorwagen vor und eröffnete mit dieser Fahrt das Automobilzeitalter. Sein Gefährt glich zu dieser Zeit mehr einer motorgetriebenen Kutsche mit drei Rädern als einem Automobil. Noch jahrelang bezeichnete man solche Autos in Werbeprospekten als „Kutschwagen ohne Pferde".
1902 fuhr der junge, deutsche Dichter Otto Julius Bierbaum auf Empfehlung eines Verlegers von Berlin nach Sorrent. In einem aufregenden Reisebericht übte er Kritik an seinem offenen „Adler Phaeton": „Man kann sagen, seine Schönheit leidet augenblicklich daran, daß seine Konstrukteure noch nicht völlig das Pferd vergessen haben, nämlich das Pferd vor dem Wagen. Unsere Automobile sind ästhetisch noch keine Motorwagen, das ist ihr Geschmacksmanko." Solche Zugwagen ohne Zugtiere mauserten sich aber bald zum Automobil, und um 1900 setzte sich der von Mercedes geprägte Begriff „Motorwagen" durch.

Zunächst jedoch beschäftigten sich die Gemüter mit der Frage: Benzin oder Dampf als Antrieb? Dampfgetriebene, selbstfahrende Kutschen gab es schon vor der Zeit des Verbrennungsmotors, allerdings tonnenschwer. Außerdem hatten sie eine viel zu schlechte Straßenlage.

Um die Bürger vor den frühen Dampfwagen zu schützen, verabschiedeten die Engländer 1865 den sogenannten „Locomotion Act", ein Gesetz, das Vorsichtsmaßnahmen vorschrieb. Danach mußte jedem Dampfautomobil ein Mann mit einer roten Flagge vorausgehen, innerorts wurde die Geschwindigkeit auf zwei Meilen, im offenen Land auf vier Meilen beschränkt. Erst 1896, als sich auf dem Kontinent Motorwagen mit Verbrennungsmaschinen durchzusetzen begannen, wurde der Automobilist zu einem mündigen Mann, der auf den Flaggenträger verzichten durfte.

Wie schnell aber nun wirklich dampfgetriebene Wagen fahren konnten, bewies ein Franzose. Als Erster ging der Compte de Dion 1894 beim offiziell anerkannten Wettrennen von Paris nach Rouen durchs Ziel. Der motorbesessene Graf und spätere Autokonstrukteur fuhr einen dampfbetriebenen Wagen durch's Ziel und wurde, obwohl er Sieger war, disqualifiziert. Die Wettbewerbsbedingungen verboten den Dampfbetrieb für ein Rennauto.
Aber Albert de Dion und sein Partner Georges Bouton machten sich sehr bald einen Namen als führende Fahrzeugbauer und kreierten eine vielbeachtete Automarke, den „De Dion-Bouton". Viele Wagen aus ihrer Produktion galten als Vorbild für die ersten Spielzeugautos.

Miniaturoldtimer

Der Pariser Fabrikant Charles Rossignol brachte um die Jahrhundertwende einen „De Dion-Bouton" in der damals sehr beliebten „Vis-à-vis"-Form heraus, bei dem sich Fahrer und Mitfahrer gegenübersaßen Dieses unter Sammlern als höchst selten angesehene Fahrzeug fuhr mit Dampfantrieb.

53 Noch nicht zur Form der späteren Automobile hatten solche „Vis-à-Vis" gefunden. Sie ähneln mehr einer Kutsche als einem Automobil, obwohl sie bereits von einem Motor angetrieben werden.

54 – 56 Nachfolgende Seite:
Links oben und rechts: Motorkutsche mit Uhrwerkantrieb von Bing aus Nürnberg. Wie bei den ersten Daimlerwagen saß der Fahrer vorne auf einer Art Kutschbock. Auch der Rücksitz mit seinem klappbaren Verdeck ähnelte einer Pferdedroschke. Dieses seltene Modell hat Metallspeichenräder und Gummibereifung, eine handbemalte Karosserie sowie handbemalte Passagiere in der Tracht der Jahrhundertwende. Ein besonderes Zeitkolorit vermitteln Sonnenschirmchen der Dame, die rote Bluse, der schwarze Rock und der gelbe Strohhut.

„Vis-à-Vis" nannte man jenen, kurz vor 1900 gebräuchlichen Fahrzeugtyp, bei dem sich Fahrer und Mitfahrer gegenübersaßen. Die Nürnberger Firma Günthermann brachte dieses Fahrzeug in verschiedenen Größen heraus, jedoch saß immer nur ein Fahrer auf dem Sitz, der die Lenkkurbel betätigte. Das Uhrwerk war unter der hinteren Sitzbank installiert und übertrug seine Kraft auf die Hinterräder. Die vier Speichenräder waren mit der damals typischen Vollgummibereifung ausgestattet.

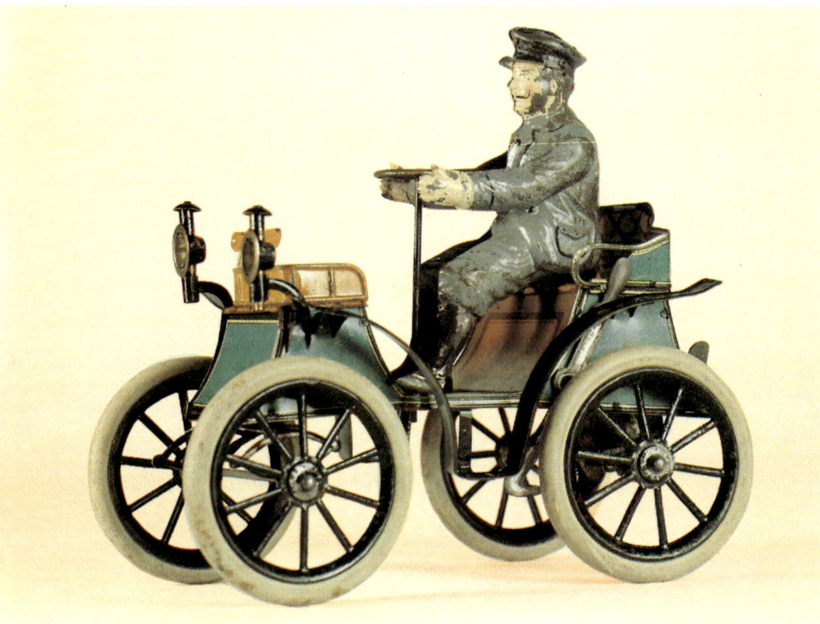

Mit der raschen Entwicklung der Automobile konnten auch die Spielzeughersteller mithalten. Bald nach 1900 erschienen die ersten, aufwendigen Luxuslimousinen. Sie wurden von Märklin im verkleinerten Maßstab angeboten. So wie bei den großen Vorbildern fielen auch die frühen Luxusartikel für die Automobile aus. Ein offener Tourenwagen von Märklin beispielsweise besaß eine richtig funktionierende Bremse und eine mit Emailfarben handbemalte Karosserie. Der über 40 cm lange Tourenwagen wurde durch ein starkes Uhrwerk angetrieben, das durch Kettenantrieb auf die Hinterachse übertragen wurde. Die Göppinger Spielzeugfabrikanten hatten für den offenen Phaeton wohl ein Mercedesmodell vor Augen.

Wer dem offenen Wagen eine geschlossene Limousine vorzog, wählte von Märklin einen ebenfalls handbemalten Wagen, bei dem der Fahrer zwar überdacht, aber dennoch im Freien saß, während der Passagierraum durch eine hohe Tür zu betreten war und verglaste Fenster aufwies. Die Reifen bestanden, wie bei allen frühen Automobilen, aus Vollgummi, die Laternen aus getriebenem Kupfer. Die Türen waren zum Öffnen und das Steuerrad drehbar.

57 Dampfautomobil mit Spiritusheizung: Das 1902 von Ernst Plank angebotene Modell lief mit einer Wasserfüllung 25 Minuten „im Kreise und in gerader Richtung“. Ein Blechknabe fungierte als Chauffeur — eine Bezeichnung, die tatsächlich noch aus der Zeit stammt, als man Dampfwagen fuhr und einen Heizer brauchte. Dampfautos gab es auch von Carette und von der französischen Firma Rossignol.

Tonneaus, Phaetons, Landaulets und Limousinen

Für die erste große Zeit des Automobils von 1904 bis 1918 haben die Automobilsammler den Begriff „Veteran Car“ – Veteranenwagen – geprägt, der sich sehr gut auf die kleineren Spielzeugvettern dieser Zeit übertragen läßt, denn Firmen wie Rossignol, Bing, Märklin, Carette und Günthermann haben vor dem Ersten Weltkrieg die schönsten und interessantesten Fahrzeuge in mehreren Größen aus feinbemaltem oder bedrucktem Blech naturgetreu nachgebaut.

Ein Modelltyp, der besonders reizvoll den Zeitgeist und den technischen Stand der Veteranenwagen verkörpert, ist das „Tonneau“. Der Zeitgeist wird durch diesen Typ

sehr treffend vermittelt, weil der Tonneau als offener Wagen meistens mit blechgeprägten Passagieren ausgestattet ist, die nach der Mode von damals mit Autofahrermützen, Strohhüten und entsprechender Robe bekleidet waren. Charakteristisch für den Karosserietyp des Tonneaus war der Einstieg für Passagiere am Heck des Wagens. Als weitere Besonderheit, die dieses Automobil als Spaziergefährt auszeichnet, galt die Sitzanordnung der hinteren Sitze: Die Passagiere konnten sich auf den schräg angeordneten Bänken, wie in einem Konversationszimmer, gegenübersitzen und miteinander reden, gleichzeitig die Sicht nach vorne und zur Seite genießend.

Eines der schönsten Tonneau-Modelle hat 1905 die Nürnberger Firma Günthermann herausgebracht. Bei diesem bunt lithographierten Fahrzeug lehnt sie sich an den französischen „Mors“ an. Das Uhrwerk hatte man unter den tonnenförmigen Hintersitzen angebracht, neben dem Fahrer befand sich die obligatorische Bremse, außerdem gab es eine Hupe, die bei jeder Raumdrehung in Aktion gesetzt wurde. In den Tonneaus von Märklin, Günthermann und Bing saßen die Herren mit Spitzbart, Schnauzbart und Autokappen, die Damen mit kleinen Hütchen und bunten Röcken ausstaffiert. Als Variante gab es diese Gefährte mit Offizieren bestückt – in voller Montur. Fast alle Passagiere waren handbemalt, das Chassis meist farbig bedruckt.

Wirft man einen Blick auf das Automobilangebot in den alten Katalogen, so stellt man fest, daß – wie bei den großen Modellen – auf ein Einheitschassis unterschiedlichste Karosserien und Ausstattungen gebaut werden konnten. In der Garnierung mit aufwendigen Lampen, Front-

58 – 63 Links oben: Der brave Soldat Schwejk als Fahrer eines Krankenwagens. Sogar die Mütze ist aus Blech geprägt. Seine Gesichtszüge sind mit dem Pinsel von Hand verfeinert.

Links Mitte: Der Chauffeur einer Carette-Limousine mit der für seinen Berufsstand typischen Mütze.

Unten links: Der Uhrwerkantrieb einer Carette-Limousine.

Rechte Seite oben: Krankenwagen und Limousine mit Uhrwerksantrieb. Bei dem feldgrau lackierten Krankenwagen sind fein mattierte Glasscheiben eingesetzt. Die Limousine rechts daneben hat lediglich eine gläserne Windschutzscheibe, dafür aber ein breites Trittbrett mit dem obligatorischen Werkzeugkasten. Beide Fahrzeuge haben, wie es bei einfachen Modellen üblich war, „Blechreifen".

Rechte Seite Mitte: Lehmanns „AHA" mit einem „falschen Bruder" aus England. Die lenkbaren Federwerkfahrzeuge gehen auf ein elektrisches Lieferwagenmodell zurück. „BON TON" nannte die englische Firma ihr Konkurrenzprodukt.

Rechte Seite unten: Typisch für die Hessmobile ist der Schwungradmechanismus, der durch eine, vorn am Kühler angebrachte Kurbel in Gang gesetzt wird. Das lithographierte Modell stammt aus den zwanziger Jahren und hat den Karosserietyp eines „Runabout".

scheiben, verglasten Fonds und Geländern für Gepäckstücke hoch oben auf den Limousinen unterschieden sich die vielfältigen Ausstattungen ganz erheblich.

BON
TON
AAA
AAA
550

Legendäre Taxis und Omnibusse

Spricht man von den Vorkriegsmodellen, darf man nicht die unzähligen Taxis vergessen, die damals im Stadtverkehr dominierten. Der Fahrer saß im Freien, nur leicht überdacht, am Steuer, während die Fahrgäste durch eine Seitentür in den geschlossenen Fahrgastraum einsteigen konnten. Karosseriemäßig könnte man sie als „Coupé de ville" bezeichnen. Bei den Spielzeugen wie bei den Originalwagen war der Fahrer von den Fahrgästen durch eine Windschutzscheibe getrennt.

Aus der Kriegsgeschichte wie aus der Spielzeuggeschichte ist ein Taximodell entstanden, das als „Taxi de la Marne" bekannt geworden ist.

64 „Tonneau" von George Carette aus Nürnberg, um 1905/10.
Das Tonneau war eine typische Karosserieform der frühen Jahre. Fahrer und Beifahrer saßen vorne auf Einzelsitzen, die in Fahrtrichtung zeigten, während die hinteren Passagiere das Fahrzeug von der Rückseite bestiegen. Der hintere Einstieg ist ein Relikt aus der Pferdewagenzeit.

Auch in dem Carettemodell sitzen die beiden hinteren Fahrgäste auf den schräg angeordneten Sitzbänken, „welche den im hinteren Abteil sitzenden Personen sowohl den Ausblick nach vorne als auch nach den Seiten gestattete", wie es in einem Automobilprospekt von 1903 zu lesen war. Das Modell mit den handbemalten Figuren mißt 23,5 cm und hat einen unter der Karosserie angebrachten Uhrwerkantrieb.

65 Aus einer Patentschrift von 1921: Patentieren ließ sich die Nürnberger Firma Günthermann die Idee, aus einem Unterbau mehrere Karosserietypen durch Aufsetzen unterschiedlicher Blechteile zu bauen. Dadurch könnten die Kosten durch die Vermeidung von teuren Werkzeugsätzen erheblich gesenkt werden, denn die Anfertigung für Werkzeug zum Prägen von rundum geschlossenen Karosserien war besonders teuer. Als Varianten ergaben sich:

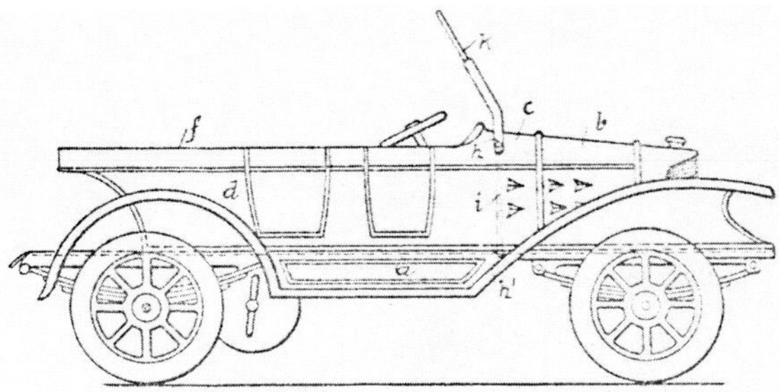

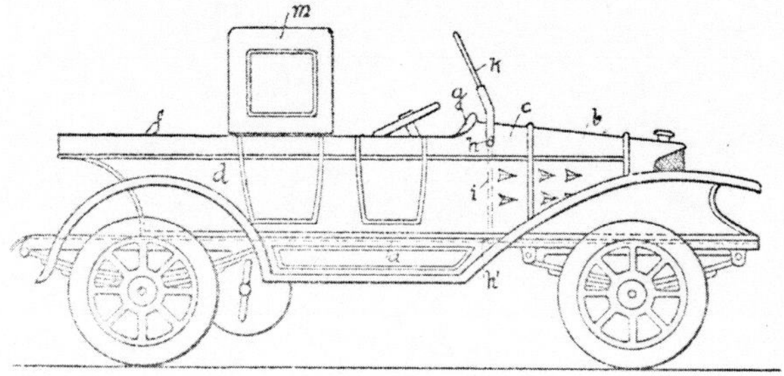

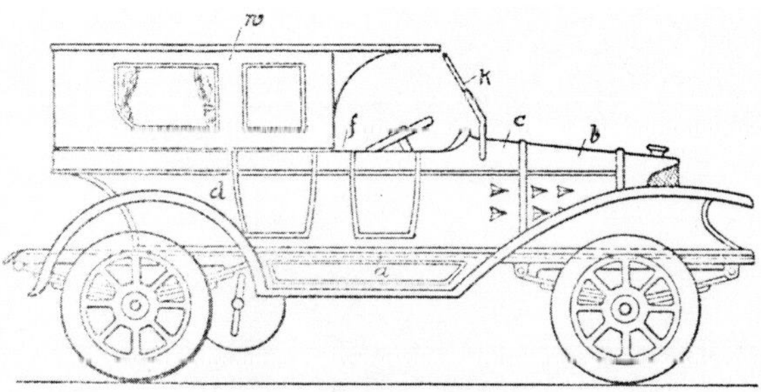

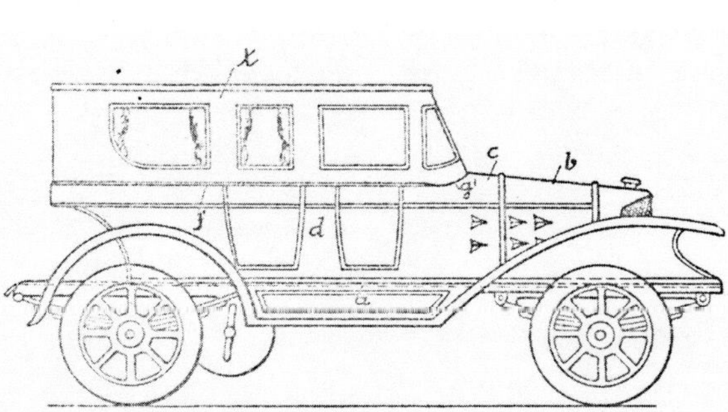

1. Phaeton mit Windschutzscheibe
2. Landaulet
3. Coupé
4. Limousine

LEHMANN·S AUTOBUS
590
D·R·PATENT

MARKE
LEHMANN
The hind wheel and the chain must be allowed to run perfectly free and should not be
or even touched while being wound.
HALLOH!
2. Place the toy on the flo
MADE IN GERMANY
LEHMANN

66 „Lehmanns Autobus" ist auf der äußeren Bordwand des Oberdecks zu lesen. Dieser Doppelstockbus wurde vor und nach dem 1. Weltkrieg in aller Welt verkauft. Man findet ihn sogar in dem Prospekt eines hinterindischen Spielzeugladens abgebildet.
Die Karosserie wurde rot-gelb-weiß lithographiert. Das Federwerk wie auch die Bauweise ist sehr leicht, was dem damals sehr preisgünstigen Modell seinen zierlichen Charakter verleiht. Der uniformierte Busfahrer mit Mütze wurde ebenfalls aus buntbedrucktem Blech gepreßt.

67 Die Firma Lehmann aus Brandenburg a.d.Havel hat alle Modelle mit Namen versehen, der gut les- und erkennbar auf ihre Spielzeuge aufgedruckt war.

68 Der „HALLOH" von Lehmann fährt auf seinem schwungradgetriebenen Rennmotorrad aus der Originalschachtel. Bevor dieser kleine Blechmotorradfahrer freibalancierend fahren kann, muß man den Schwungradmechanismus von Hand in Gang setzen". Hat das Rad die richtige Geschwindigkeit, muß das Motorrad kunstvoll aufgesetzt werden; es läuft dann mit überraschend schöner und natürlicher Wirkung, frei steuernd, 6 bis 8 volle Kreise, bis es nach Erschöpfung der inneren Kraft umfällt", heißt es in der Gebrauchsanleitung, die in der Verpackung mitgeliefert wurde. Die Kreise, die das Modell fährt, haben einen Durchmesser von ca. 2 bis 3 m.

Die Taximodelle, die der französische Spielzeugproduzent Charles Rossignol aus feinem Blech nachbilden ließ, haben im September 1914 dreitausend französische Soldaten über Nacht an die Front gefahren. Als die französischen Taxifahrer von dem Aufruf hörten, sollen einige ihre Fahrgäste kurzerhand auf die Straße gesetzt haben, um sich umgehend zum Truppentransport zu melden. Von diesen siebenhundert historischen „Marne-Taxis" gab es von Rossignol eine Miniaturausführung mit Uhrwerkantrieb in 17,5 cm Länge. Auf den Türen findet man die Aufschrift „CR", das Firmenzeichen des Pariser Hauses. Ein weiteres Charakteristikum ist die schräg nach unten gezogene Haube in sogenannter „Kohlenschaufelform". Sie war typisch für alle frühen Renaults und ließ sich besonders gut in Blech nachprägen. In Wirklichkeit hatte die schräg nach vorne abfallende Haube einen ganz praktischen Grund: Bei den frühen Renaults lag die Wasserkühlung hinter dem Motor und nicht, wie bei deutschen und englischen Autos, vor dem Motor, so daß das Wasser vom Fahrtwind gekühlt werden konnte. „Solange ich lebe, bleibt der Kühler hinten", soll der betagte Renault zu seinem Ingenieur gesagt haben, der ihn auf die Antiquiertheit dieses Kühlersystems aufmerksam machte.

Vor und nach dem Ersten Weltkrieg spielen die Spielzeugomnibusse aus Blech eine große Rolle. Stilistisch besonders reizvoll sind die Doppeldeckerbusse mit der charakteristischen Wendeltreppe und den, wie bei den Taxis, im Freien sitzenden Busfahrern. Jenen Bustyp, der sich in der roten Farbe, in den Reklameaufdrucken oder Fahrstreckentafeln an den Doppelstockbussen von London und Berlin orientierte, bauten die deutschen Firmen Lehmann, Distler und, in einer sehr ähnlichen Version, die englische

69 Ein besonders reizvolles Sammelgebiet:
Londoner und Pariser Autobusse.
Die grün-weißen De Dion-Buton-Autobusse mit sechs Rädern nahm Rossignol in seine berühmte Busserie auf. Die Grün-weißen mit dem Markenzeichen „CR" und Uhrwerkantrieb blieben bis in die frühen sechziger Jahre im Produktionsprogramm der Pariser Firma.

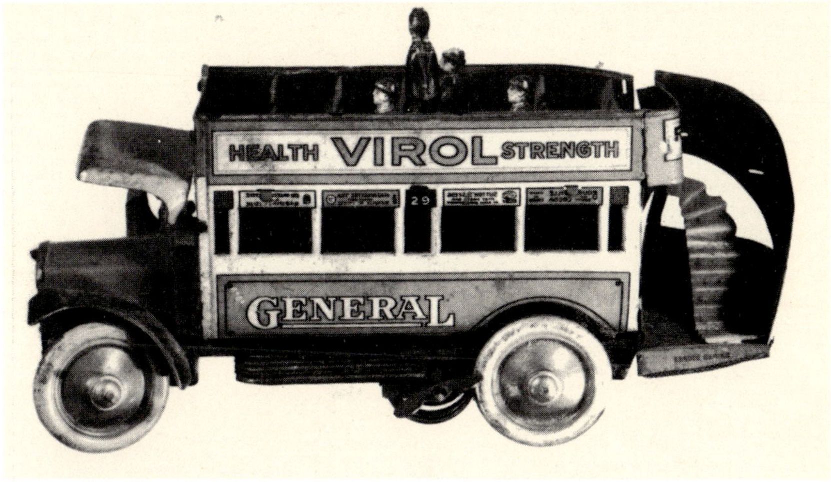

Firma Burnett. Bei diesen Modellen kommen die Möglichkeiten der Lithographie besonders gut zur Geltung, denn durch die mehrfarbigen Reklameaufdrucke und die Wiedergabe der typischen, roten Farbe wird die eigentlich einfache Blechkonstruktion zu einem attraktiven Gegenstand. Während bei dem Bus von Distler sogar auf dem Oberdeck ein Schaffner hin- und hermarschiert, um das Fahrgeld zu kassieren, ist die Autobusversion von Bing aus den späten zwanziger Jahren nicht mit einem Fahrer aus Blech ausgestattet.

Die schönsten Doppeldeckerbusse hat die Nürnberger Firma Carette vor dem Ersten Weltkrieg produziert. In der äußeren Form gibt sie Doppelstockbusse wieder, wie sie

70 Besonders anschaulich und spielgerecht: Der doppelstöckige Londoner Bus mit dem Schaffner auf dem Oberdeck. Während der Bus fährt, geht der Schaffner, geführt durch einen Mechanismus, hin und her und verlangt das Fahrgeld. Dieses in Nürnberg von Distler hergestellte Fahrzeug wurde in den zwanziger Jahren als „Fares Please"-Bus nach England exportiert.

71 Daß Überlandfahrten noch immer ein Abenteuer bedeuteten, beweisen die auf der Wagengalerie mitgeführten Reservereifen der französischen Luxuslimousine von 1910.

72 „Olympiade 1936" steht auf diesem Phantasiegefährt aus lithographiertem Blech. Hinter der Rennfahrerbrille und der gelben Ledermontur erkennt man die Gesichtszüge eines Fahrers mit Clownbemalung. In eiliger Fahrt transportiert er Kisten mit internationalen Hotelaufklebern zur Olympiade nach Berlin. Solche Kreationen zeigen deutlich, wie sehr Spielzeugfabrikanten sich von aktuellen Anlässen inspirieren ließen.

73 „Deutsche Reichspost" — Lieferwagen aus lithographiertem Blech mit Hecktüren, Uhrwerk und Blechrädern. Das Nummernschild mit der Aufschrift „TC 904" verweist auf die Nürnberger Herstellerfirma Tipp & Co. und die Modellnummer. Die Ausführung muß aus den zwanziger Jahren stammen, denn der Katalog der dreißiger Jahre weist bereits eine modernisierte Reichspostversion auf.

74 Bunt lithographierter Lastwagen von Distler mit Uhrwerkantrieb.

BERLIN
KEEP DRY
AWAY
BOILER
1936
IADE

DUNLOP CORD
935×135

75 In den zwanziger Jahren entdeckte Citroën das Spielzeug als Werbemittel und bot Miniaturausgaben seiner Automobilproduktion den zukünftigen Käufern an. Für die technisch besonders Interessierten gab es Fahrgestell und Motor des C6 sogar als Baukasten zum Zusammensetzen. Alle Modelle waren etwa 40 cm lang und farbig lackiert.

76 Bei diesem französischen Delage aus dem Jahre 1928/30 sitzt der Uhrwerkantrieb dort, wo in Wirklichkeit der Motor eingebaut ist! Die Hinterräder werden vom vorne liegenden Uhrwerkmotor über eine Welle angetrieben. Das 35,5 cm lange Fahrzeug ist hier mit der Originalverpackung abgebildet. „J. de P." bedeutet „Jouets de Paris" und verweist auf einen bedeutenden Hersteller, der seit 1932 als „JEP" bis 1965 Spielzeuge herstellte.

77 Große Limousine aus rot-gelb-schwarz lithographiertem Blech mit elektrischen Lampen und einer funktionierenden Handbremse der Nürnberger Firma Tipp & Co. Das Uhrwerk treibt die Hinterräder an. Solche fast 40 cm großen Blechlimousinen mit funktionierenden Türen und einer ausstellbaren Frontscheibe gehören zu den typischsten Produkten des Nürnberger Herstellers aus der Mitte der zwanziger Jahre. Der Firmenkatalog weist über 40 solcher Fahrzeuge auf. Pullmann-Limousinen gab es Ende der zwanziger Jahre als Achtzylinder. Selbst die ausstellbare Frontscheibe hatte beispielsweise noch der Achtzylinder „Zwickau" von Audi.

in Berlin verkehrten, sie wurden jedoch für den Export nach England mit englischen Reklametafeln und Londoner Busstationen und -nummern bedruckt. Eine fest installierte Bremsvorrichtung, rechts neben dem Fahrersitz, wirkte direkt auf die Räder und regulierte die Geschwindigkeit. Dieser Nürnberger Hersteller lieferte seine Busversion auch voll besetzt mit zeittypisch gekleideten Personen auf dem Oberdeck und im unteren Fahrgastraum sowie mit einem uniformierten Busfahrer und Schaffner. Dieses Modell hatte, im Gegensatz zu den einfachen Modellen ohne Personen, vor dem Kühler zwei große, für Carette typische Lampen.

Die Konkurrenz zu diesen rot bedruckten, öffentlichen Bussen sind die grün-weißen, wie man sie bis heute noch in Paris antrifft. Als Besonderheit gilt die Nachbildung des dreiachsigen Stadtbusses „De Dion-Bouton". Dieses Fahrzeug mit dem charakteristischen Heckeinstieg und der dort angebrachten, offenen Plattform, der windschnittigen Motorverkleidung und dem fein lithographierten Streckenhinweis „Trocadéro-Gare de l'Est" wurde von Charles Rossignol entwickelt und herausgebracht. Die Firmeninitialen „CR" befinden sich an der Vorderwand des Fahrgastraums, hinter dem Fahrer. Diese grün-weißen Busreproduktionen waren dermaßen beliebt, daß sie auch noch nach dem Zweiten Weltkrieg in die Produktion aufgenommen wurden.

Die große Zeit der Blechlimousinen

Wie sich der Stil der Automobilspielzeuge in den dreißiger Jahren wandelte, zeigen die großen Blechlimousinen mit ihren elegant geschnittenen Karosserien. Maßgeblich waren nicht nur die neuen Vorbilder, die wesentlich kompakter aussahen, sondern auch die Belange

78 Linke Spalte von oben nach unten: Der Fahrer eines offenen Hessmobils trägt zur Spazierfahrt eine Ballonmütze. Im Gegensatz zu plastisch geprägten Figuren besteht er aus zweiseitig bedrucktem Blech.

79 Der Kühler des Hessmobils von vorne gesehen mit charakteristischer Kurbel, womit man den Schwungradantrieb in Bewegung setzt. „Der rote Flitzer" ist im Katalog des Grossisten Kohnstamm von 1928/30 abgebildet.

80 Offener Tourenwagen mit Schwungradantrieb, blau-gelb lithographierter Karosserie und Fahrer aus zwei geprägten Blechhälften. Das auf der Türe aufgedruckte Firmenzeichen „WK" verweist auf einen deutschen Hersteller, dessen Signatur zwar verschiedentlich auftaucht, dessen Name jedoch bis jetzt unbekannt geblieben ist.

81 Hess hat seine Tourenwagen mit den Initialen „JLH" = Johann Leonhard Hess versehen.

82 Rechte Seite von oben nach unten: Englisches Uhrwerkauto aus den dreißiger Jahren aus lithographierten Blechteilen.

83 Englische Limousine von Mettoy, um 1935. Die Mettoy & Co. Ltd. wurde 1933 vom ehemaligen Inhaber der deutschen Firma Tipp & Co. in London gegründet. Dieses Modell entspricht auch in der Fertigungstechnik und stilistischen Auffassung dem Tipp-Stil. Im Katalog wurde es von Tipp als „geschlossener Sportwagen in moderner Form" bis zum Zweiten Weltkrieg geführt.

der Spielzeugindustrie: Spielzeug mußte billiger sein als zur Kaiserzeit und breiter gestreute Käuferschichten erreichen.

Durch eine Patentschrift, die die Nürnberger Blechspielzeugfabrik S. Günthermann zu Beginn der zwanziger Jahre vorlegte, wird die veränderte Einstellung zum Blechspielzeug deutlich gemacht. Die

SUPER REINFORCED

MADE IN GT BRITAIN

Rationalisierung begann bereits mit dem Werkzeugbau. Die Konstrukteure entwickelten eine Art Baukastensystem, aus dem sich offene Wagen, teilweise geschlossene oder komplett geschlossene Limousinen wahlweise zusammenbauen ließen. Die Begründung für dieses rationelle Verfahren – vorher hatte man Limousinen aus einem Stück gepreßt und benötigte dazu eine vollständige Form, dann wurden sie aus zwei Formen zusammengesetzt – paßte auf die neuen Bedingungen der Zeit, „die Kosten für alle drei Automobilarten, das Phaeton, das Coupé und die Limousine könnten nur die allerreichsten Leute aufbringen, damit wäre der Mittelstand der Möglichkeit beraubt, seinen Kindern die verschiedenen Autotypen zur vergleichenden Belehrung im Spielzeug vorzuführen.

Die meisten Leute würden ihren Kindern allenfalls nur den billigsten, ganz offenen Wagen, nicht zum Vergleich oder zur Abwechslung auch den geschlossenen Wagen oder günstigstenfalls überhaupt nur einen geschlossenen Wagen bieten können, während andererseits die Lebensfähigkeit der einschlägigen Blechspielzeugindustrie durch den geringen Absatz ernstlich bedroht würde.

Diese Schwierigkeiten für Fabrikanten und Abnehmer sind nun gemäß der Erfindung dadurch behoben, daß unter Benutzung der von geschlossenen Gebrauchsautomobilen her bekannten Karosserieunterteilung in Wagenkasten und besonderen Aufbau ein- und derselbe ganz offene Wagenkasten zum Anschließen aller Aufbauten der gebräuchlichsten Wagenarten – Phaeton mit Windschutzscheibe, Landaulet, Coupé, Limousine – eingerichtet ist, die teils am Wagenkasten, teils an den Aufbauten versehenen Anschlußmittel so ausgebildet sind, daß das Anschließen der Aufbauten lediglich durch eine einfache Handhabung durch das Kind selbst leicht ausgeführt werden kann", heißt es im erläuternden Text zu der Patentschrift, aus der wir auf Seite 61 die Abbildungen präsentieren. Die Firma sparte sich mit dieser neuen Einteilung die teuren Werkzeugsätze für die einteiligen, geschlossenen Coupés und die noch teureren Vorrichtungen für die geschlossenen Limousinen, weil der Unterteil des Fahrzeugs mehrfach verwendet und nur ein geprägtes Dach aufgesetzt wurde.

Auffälliges Kennzeichen für die Produktion der zwanziger und auch dreißiger Jahre sind die flächigen Karosserien, die jedoch zum Ausgleich für fehlende Plastizität in ganz aparten Farben bedruckt waren. So brachten die Firmen Tipp & Co. und Distler in Nürnberg Blechlimousinen und Sportwagen auf den Markt, deren besonderer Reiz in der Bedruckung des Blechs besteht und nicht in der Addition möglichst vieler Details, wie es im Fahrzeugstil vor dem Ersten Weltkrieg Mode war. Zu dieser einfachen Ausführung kommt eine formschöne und schnittige Prägung der Karosserien, so daß man zurecht nicht von einem Verfall der Qualität, sondern von einem Stilwandel in den dreißiger Jahren sprechen kann. Zwar erzielen jene Wagen, die man zur klassischen Periode des Auto-

mobilbaus zählt, nicht so hohe Preise wie die „Vintage-cars" aus der Zeit vor dem Ersten Weltkrieg, ihre Ausführung und farbige Bedrukkung vermittelt indes ebensoviel vom Zeitgeist wie ihre Vorläufer von 1910.

84 Rote Hosen und gelbe Schuhe trägt die Mickey Mouse, eine blaue Bluse, gelbe Handschuhe und einen roten Rock die Minney Mouse bei der Motorradfahrt.

Dieses seltene Ensemble stammt von dem Nürnberger Hersteller Tipp & Co., wie man aus dem auf dem Motorradtank aufgedruckten Firmenzeichen schließen kann. Das Motorrad mit detailgetreu aufgedrucktem Motor und fein gezeichneten Dunlopreifen ist in Grüntönen gehalten. Solche Produkte des deutschen Herstellers waren für das Ausland bestimmt. Die Gesamtlänge dieser Kuriosität beträgt 23,5 cm.

Citroën als Spielzeugfabrikant

Auf ein bemerkenswertes Konzept kam ein echter Automobilfabrikant, er bereicherte mit seinen Ideen die Landschaft der kleinen Blechveteranen. In den frühen zwanziger Jahren begann der französische Automobilfabrikant Citroën Spielzeugautos zu produzieren, weil er die Miniaturausgaben seiner Produktion als geeignetes Werbemittel für die „Käufer der Zukunft" ansah. Auch eine typische Zeiterscheinung der zwanziger Jahre ist es, daß die Automobilindustrie dafür sorgte, daß Autos nicht länger ein Luxusartikel blieben. 1922 brachte Citroën in dieser Absicht, den ersten Kleinwagen – den dreisitzigen Vierzylinder mit dem charakteristischen Spitzheck – in Großserien heraus, zwei Jahre später folgte diesem Trend die deutsche Firma Opel mit ihrem 951 ccm großen Modell „Laub-

85 – 88 Arnolds Motorradparade aus den späten dreißiger Jahren (lediglich der 6. Mann stammt von „Technofix“ = Gebr. Einfalt).

Die 6 Motorradfahrer sind ein gutes Beispiel dafür, wie ein einfaches Massenprodukt durch das farbig bedruckte Blech (Lithographie) höchst reizvoll gestaltet werden kann. Die Lithographie ermöglichte es, Farbübergänge sowie Licht- und Schattenwirkungen darzustellen: Die Stiefel der Fahrer zeigen Glanzlichter, die Jacken echte Falten Ton-in-Ton, die Motoren der Maschinen sind auf illusionistische Weise komplett auf das Blech aufgedruckt, selbst die Radspeichen sind auf das flache Blech aufgedruckt. Zu den Motorradfahrern gab es reizvolle Varianten mit Beiwagen und Soziusfahrern.

A 560
A 560

frosch", von dem bald 120 Wagen pro Tag in Rüsselsheim gefertigt wurden.

Der Wagenpark, den Citroën anbot, war von der Konzeption her eigentlich ein gutes Demonstrationsspielzeug, das sich auch stilistisch von den Produkten der Spielzeugindustrie unterschied. Meistens waren jene im Durchschnitt ca. 40 cm langen Wagen Miniaturausgaben der echten Modelle von Citroën, bei denen sich alle Funktionen des Automobils nachvollziehen ließen. Sie hatten eine richtige Lenkung, und ein naturgetreues Chassis. Citroën bot Ende der zwanziger Jahre ein Baukastensystem an, in dem die interessierte Jugend das Fahrgestell des C6 mit Hilfe von Schraubenzieher und Schraubenschlüssel zusammenmontieren konnte. Selbst die Michelinreifen waren bei diesem sehr anschaulichen Demonstrationsmodell nicht vergessen worden. Wie die Wagen im Großen wurden jene Citroën-Miniaturausgaben ein Riesenerfolg und brachten es in den frühen dreißiger Jahren zu Produktionszahlen von über 500.000 pro Jahr. „Das Kind ist der Kunde der Zukunft – die ersten Wörter, die es lernen muß, sollen heißen: Papa, Mama und Citroën!", meinte der Firmeninhaber bei einer Verkaufsbesprechung mit Vertretern.

Die Modelle beschränkten sich nicht auf den Torpedo 10 CV und den 5 CV. Es gab auch Lieferwagen, Straßenkehrwagen und sogar Feuerwehren. Von den Kleinlimousinen existierten selbstverständlich nahezu alle Karrosserieversionen.

Motorräder und Juxgefährte

Der Trend zum Verkehrsmittel, für jedermann zugänglich, zeichnete sich auf anderem Gebiet ab: Dem Zweirad. Es schien in den zwanziger Jahren das billigste Transportmittel zu sein und hatte Hochkonjunktur. Obwohl es eigentlich schon sehr früh erfunden wurde, setzte sich das Zweirad erst in den zwanziger Jahren durch. Die Popularität der sogenannten „Knatterbüchsen" zeigen Blechspielzeuge, auf denen Mickey und Minnie Mouse als amerikanisches Durchschnittsehepaar zu sehen sind. „Meine Oma fährt im Hühnerstall Motorrad" – mag als Schlagertext die Popularität dieser motorgetriebenen Vehikel weiter belegen. Diese Oma zusammen mit ihrem Foxterrier fand sich auch im Beiwagen mancher, schön lithographierter Motorräder wieder. Die Katalogseiten der Nürnberger Fabrikanten waren angefüllt mit Varianten in allen Farben.

Eine Sonderstellung im Automobilbau nimmt die Firma Lehmann ein. Sie erfand die humoristische Automobilinterpretation. So setzten die Entwerfer in ihrem Modell „TUT TUT" einen viel zu voluminösen Fahrer auf ein viel zu gebrechliches, unproportioniertes Vehikel. Anstatt geradeaus zu fahren, sorgt ein Mechanismus für eine aufregende Zickzackfahrt, während in regelmäßigen Abständen über eine exzentrische Welle ein kleiner Blasebalg betätigt wird, der den dicken Fahrer mit seinem Horn hörbar laut tuten läßt. Dieser Stil der karikaturhaften Interpretation des Blech-

89 Märklin-Autobaukasten. Auf dem gleichen Chassis konnte wahlweise ein Rennwagen, ein Lastkraftwagen, eine Limousine oder ein Sportwagen aufgeschraubt werden. Diese Baukastenserie stammt aus den dreißiger Jahren und ähnelt sehr den englischen Meccano-Baukästen.

spielzeugs wurde nach dem Zweiten Weltkrieg von den Japanern aufgegriffon und weiterentwickelt.

Rennwagen

Rennwagenmodelle gehören ebenso zur Spielzeuggeschichte wie zur Automobilgeschichte. Als Spielzeug durchleben sie fast alle historischen Stilperioden. Als 1901 das Autorennen Paris–Berlin von dem Franzosen Henry Fournier auf einem Mors in 17 Stunden gewonnen wurde, brachte die Nürnberger Firma Günthermann den Trophäengewinner als 14,5 cm langes, rasendes Wägelchen mit Uhrwerk heraus. Auf dem für Mors typischen, abfallenden Kühler stand „Paris–Berlin" geschrieben. Der Fahrer jedoch glich mehr einem Piloten, wie man ihn von den altertümlichen „Vis-à-vis"-Gefährten in Erinnerung hatte. Er trug zwar Schirmmütze und Schnauzbart, aber noch nicht die für Rennfahrer charakteristische Autobrille.

Ein Jahr später wurde dieser nach vorn gebeugte Rennfahrertyp mit Rennbrille und Leder-Overall geboren. Günthermann stellte aus lithographiertem Blech Marcel Renault und seinen Mechaniker dar, die das Rennen Paris–Wien von 1902 gewonnen haben. Der Gewinner dieses Rennens brachte es bereits auf eine Spitzengeschwindigkeit von 125 km/h. 1903 fand dieser tollkühne Rennfahrer beim Großen Rennen

von Paris nach Madrid den Tod, als es bei Bordeaux zu einem entsetzlichen Unglück kam. Sogar darin entdeckte die Spielzeugindustrie ein neues Motiv: Sie stellte ein „Katastrophenauto“ her, bei dem das Fahrzeug nach kurzer Fahrt in zwei Teile auseinanderbrach!
In den zwanziger Jahren glänzte die französische Spielzeugindustrie mit einem Alpha Romeo P2 von der Compagnie Industrielle du Jouet, C.I.J. Die Karosserie war hervorragend geprägt, die Lenkung des einsitzigen Wagens gut durchkonstruiert, die Kühlerhaube mit kleinen Lederriemen zugeschnallt und die Reifen aus Gummi. Der Grand-Prix-Gewinner, den man Monoposto nannte – wegen seines einsitzigen Cockpits – wurde an Imposanz nur noch durch die Hochgeschwindigkeits-Rekordwagen übertroffen, die von der Nürnberger Firma Günthermann speziell für den Export entwickelt wurden.

Diese langgestreckten Rennautos wetteiferten in Daytona Beach um den Weltgeschwindigkeitsrekord. Aus lithographiertem Blech (in einer Länge von über 50 cm) gab es den „Golden Arrow“, der am 11. März 1922, gesteuert von dem Engländer Segrave, die Geschwindigkeit von 372,5 km/h fuhr. Zwei Jahre später wurde der Rekord des „Golden Arrow“ durch den „Bluebird III“, gesteuert von M. Campbell, übertroffen, der sich 1932 noch um einige Meilen steigern konnte.

Die Spielzeugindustrie konzentrierte sich immer schon auf Wagen, die Automobilgeschichte gemacht hatten. So war es zur Zeit der ersten Schnauferl genauso wie zur Zeit, als in der Salzwüste der Tachometer auf über 300 km/h stieg.

90 Geschwindigkeitsrekordwagen aus blauem Blech:
Der „Bluebird“ mit seinem Rekordfahrer M. Campbell, der in Florida den Geschwindigkeitsrekord fuhr. Neben diesem 40 cm großen, englischen Modell gab es von der Nürnberger Firma Günthermann sowohl den „Bluebird III“ wie auch den „Golden Arrow“ und den „Silver Bullet“ in Längen von mehr als einem halben Meter.

91 Der lithographierte Blechfahrer strahlt Automobilistenromantik aus. Brille und Rennfahrermontur sind detailgetreu nachgebildet.

Eisenbahnen

Mit 18 Jahren konnte er weder lesen noch schreiben, als 22jähriger war er der bedeutendste Eisenbahnerfinder, Streckenkonstrukteur und später Inhaber der größten Lokomotivfabrik. Der berühmte Selfmademan, der als Eisenbahnpionier Weltgeschichte machte, hieß George Stephenson. Er stammte aus den Kohlenrevieren von New Castle, woher die ersten Dampfwagen kamen, die die Pferde in den Kohlengruben ersetzten. Diese „eisernen Pferde“ waren die Ahnen der schnellen Dampfrösser, die seit 1825 außer Kohle auch Personen zu befördern begannen.

Auf die Minute pünktlich, um 7 Uhr abends, am 27. Januar 1825 ließ der große Eisenbahnbaumeister zur Probefahrt auf einem gerade fertiggestellten Teilstück der Strecke Liverpool–Manchester anpfeifen. Er selbst steuerte seine Maschine, hinter die – sage und schreibe – 34 kleine Wagen gekuppelt waren.

Damals galt es nicht nur Lokomotiven und Wagen zu erfinden, sondern überhaupt alles, was zur Eisenbahn gehörte. Zwischen Liverpool und Manchester mußten mehr als sechzig Brücken gebaut werden, sogar ein großes Steinviadukt, ein Einschnitt und, als schwierigste Aufgabe, war ein großes, tückisches Moorgebiet zu überbrücken.

Das Eisenbahnfieber hatte auch andere Ingenieure, Erfinder und Spekulanten erfaßt, so daß die Eröffnung der Strecke mit einem spektakulären Wettkampf verbunden war. Für den Start am 6. Oktober 1829 wurden fünf Maschinen erwartet, von denen die vierte mit dem Namen „Cycloped“ disqualifiziert werden mußte, weil ihr Kon-

92 „Das älteste Foto einer Modellbahn“ fand der inzwischen verstorbene Eisenbahn-Experte Gustav Reder in einem Museum in Südfrankreich. Das Foto zeigt eine Gartenbahn, die schon 1859 für den kaiserlichen Prinzen im Park von St. Claude aufgestellt war.
Solche dampfbetriebenen Modelle waren aber noch keinesfalls industriell hergestellte Spielzeugbahnen, sondern handgefertigte Einzelstücke, ähnlich einem technischen Modell.

strukteur ein leibhaftiges Pferd in die Maschine geschmuggelt hatte, das beim Großen Rennen von Rain Hill die echten Dampfrösser noch übertreffen sollte. Weder die kupferfarbene und blaue Novelty (Neuheit) noch die grün-gelb-schwarze „Sans pareil“ (ohnegleichen), sondern Stephensons gelb-schwarze Rocket mit dem hohen, weißen Schornstein erreichte das Ziel und wurde zum Inbegriff der ersten, zuverlässig funktionierenden Dampflokomotive.

Die erste „Rakete auf Schienen“ hält auch heute noch als Modell Jahrgang 1906 aus Messing und Weißblech einen Weltrekord: Den Preisrekord für ein industriell hergestelltes Eisenbahnmodell. Das Jubiläumsmodell mit Spiritusfeuerung und zwei Dampfzylindern war damals schon als Liebhaber- und Erinnerungsstück von der Göppinger Firma Märklin gebaut worden. „Sie läuft wie der Deubel, wobei ihr langer Schornstein merklich gefährlich seitlich schwankt. In ihm kondensiert sich oben der Abdampf. Die herabfließenden Tröpfchen zerplatzen im heißen, unteren Teil, was sich wie das Schnattern einer Ente anhört. Als wir einmal auf einer Modellbahnausstellung in Madrid diese Lokomotive in Betrieb vorführten, lief das Publikum zusammen, wenn es hieß ‚Die Ente läuft!‘“, erinnerte sich der große Miniatureisenbahnexperte Gustav Reder in seinem unübertroffennen Modelleisenbahnbuch, das die Entwicklungslinien der Bahnen vom Spielzeug zum vorbildgetreuen Modell kenntnisreich nachzeichnet. Experten taxieren heute die „Schnatternde Ente aus Göppingen“ auf ca. 150.000 Mark.

Am 7. Dezember 1835 begann das Eisenbahnzeitalter in Deutschland. In neunzehn Holzkisten wurde aus der englischen Fabrik von George Stephenson der „Adler“ zum Stückpreis von 30.000 Goldgulden geliefert. Auf der 6 Kilometer langen Strecke von Nürnberg nach Fürth steuerte als Erster ein englischer Lokführer namens Wilson in Frack und Zylinder auf ihrer Jungfernfahrt die sechsrädrige Lokomotive, die eine Weiterentwicklung der Stephenson'schen „Planet“ war.

93 Das teuerste Eisenbahnspielzeug: Der Jubiläumszug von Märklin mit der berühmten „Rocket“ aus dem Jahre 1906. Fachleute schätzen diese Rariät auf ca. 150 000 Mark.

Hundert Jahre später wiederum brachte Märklin in der Spurweite 0 = 35 mm einen vollständigen Jubiläumszug auf den Spielzeugmarkt. Inzwischen wurden solche Miniaturzüge nicht mehr mit Dampf, sondern bereits mit Elektromotor betrieben, denn der Modellgenauigkeit und einfachen Handhabung im Gebrauch gab man den Vorzug.

So hektisch und fieberhaft wie die Entwicklung der großen Vorbilder hatten sich kleine Handwerksbetriebe und auch Fabrikanten darangemacht, fahrbare und spielbare Eisenbahnen im Kleinen herzustellen. Ehe es jedoch zu industriell gefertigten Typen und Marken kam, gab es schon dampfgetriebene Einzelstücke aus Meisterhand für königliche Kunden, wie es das Foto der frühen Gartenbahn demonstriert (Abbildung Seite 80) oder ganz einfache, sogenannte Bodenroller, die ohne Schienen auskamen und heute den Sammler durch ihre ungebrochene Naivität begeistern. Zwischen 1860 und 1890 produzierte man solche Boden-Bahnen in einfachster bis aufwendigster Ausführung in Frankreich und Deutschland.

Interessant und am höchsten bewertet vom Sammler jedoch sind industriell geprägte Erzeugnisse, bei denen Technik, Styling und serienmäßige Fertigung zu einer Einheit verschmelzen, die ein echtes Sammlerstück ausmachen. Sie stellen weder technisch wissenschaftliche Modelle dar, noch freie, künstlerische Interpretationen.

Lokomotiven auf Storchenbeinen

Dem Sammler begegnen bei den frühen, dampfgetriebenen Lokomotiven zahlreiche Modelle, die in Konstruktionsprinzip und Aussehen ähnlich sind. Zwei oszillierende Zylinder, d. h. auf- und abschwenkbar angebrachte Dampfzylinder, sind exzentrisch an die beiden Antriebsräder gekoppelt. Zu den Treibrädern kommen kleine Vorlaufräder. Zwischen den Treibrädern liegt unter dem Kessel der Brenner zur Beheizung. Eine Dampfpfeife mit Sicherheitsventil ist auf dem Kessel plaziert. Ein kleiner Blechtender wird zur Dekoration mitgezogen. Die Bauart solcher Lokomotiven hatte damals in den engen Kurven seine Berechti-

94 Oben: Schon vor 1900 ist diese lithographierte Bahn von J. A. Issmayer entstanden. Die modellgetreue Nachbildung eines echten Vorbilds war dabei nicht beabsichtigt.

95 Unten: Eine dampfbetriebene Storchbeinlokomotive, um 1905, in einer offenen Bahnhofshalle aus geprägtem Blech von Märklin. Die Konstruktion der Storchbeinlokomotive mit einer einzigen Treibachse und zwei oszillierenden (schwingenden) Zylindern ergab sich aus einer technischen Notwendigkeit: Die Maschinen mit dem großen Treibrad und den knapp davorliegenden Laufrädern waren kurvensicherer als Konstruktionen mit weit auseinanderliegendem Achsstand.
Storchbeine gelten als Spezialität aus Nürnberg und wurden in mannigfacher Abwandlung in allen Spurbreiten bis in die zwanziger Jahre produziert. Die wichtigsten Hersteller: Bing, Schoenner, Falk, Plank und Carette. Märklin aus Göppingen hat sich nie diesem Konstruktionsprinzip angeschlossen.

gung, denn Maschinen mit weitem Achsstand hätten die engen Radien nie ohne Schaden überstanden.

Das hochbeinige Aussehen brachte diesem, sehr weit verbreiteten Dampfloktyp den Spitznamen „Storchbein“ ein. Die Storchbeine blieben eine Nürnberger Spezialität, die weder in Göppingen bei Märklin, noch im Ausland imitiert wurde. Dafür gibt es um so mehr Firmen aus der fränkischen Spielzeugmetropole, die sich auf diesen bewährten Dampfloktyp gestürzt haben.

Bing führte bereits um 1900 zwölf Varianten von 18 bis 47 cm Länge in seinem Programm. Auch Georges Carette bot „Storchbeine“ mit ein oder zwei Laufachsen, zunächst mit langem, später mit kürzerem Schornstein an. Der Nürnberger Dampfmaschinenspezialist Ernst Plank pries seine Lokomotiven mit beweglichen Dampfzylindern als „moderne, hochfeine Dampflokomotiven mit Tender, Spur 0, vorwärtsfahrend, Messing-Dampfkessel blau patiniert, mit Dochtlampe, Sicherheitsventil und Dampfpfeife – Armaturen vernikkelt und feiner Lackierung“ an. Außerdem bauten Jean Schoenner, Falk und Carette ebenfalls jene, damals so erfolgreichen Einfachlokomotiven.

Für den schmalsten Geldbeutel konnte man sogar eine einzylindrige Maschine kaufen, bei der der Zylinder im Führerhaus untergebracht war und über ein Exzenterrad auf die Antriebsräder wirkt. Diese Einfachlokomotiven liefen

96 Die „Storchbeine“ waren fahrende Dampfmaschinen in Form von Lokomotiven. Die Dampfkessel präsentierten sich meist blau patiniert (nicht lackiert wegen der Hitzeentwicklung), die Armaturen waren vernickelt. Mit einer roten Lackierung waren die Räder versehen, Tender und Führerhaus fast immer grün. Die Abbildung zeigt drei Modelle, die Carette 1905 in Spurweiten von 35, 48 und 54 mm (alte Messung) anbot.

besonders ruhig und kraftvoll – im Gegensatz zu den „Storchenbeinen“. Obwohl dieser Loktyp bei einigen Firmen bis in die zwanziger Jahre beibehalten wurde, veränderte sich schon um 1900 der Stil der Dampflokomotiven ganz entscheidend.

Von der Spielzeugbahn zur Modelleisenbahn

Die Anfänge einer echten, modellgetreuen Bahn beruhten auf einer glücklichen Konstellation: Ein Engländer hatte die Idee, eine Nürnberger Firma das Know-how zur Produktion. Zum historischen Zusammentreffen kam es auf der Weltausstellung 1900 in Paris, wo der Nürnberger Spielwarenfabrikant seine erstaunlich präzisen Fabrikate ausstellte.

Dem jungen Engländer Wenman J. Bassett-Lowke imponierte die deutsche Wertarbeit, konzeptionell jedoch hatte er an Bings Programm noch viel auszusetzen. Während Bing die Spielzeugeisenbahnen als Phantasieprodukt ansah, schwebte sie dem jungen Engländer bereits als „Hobby für Erwachsene“ vor. Nach Verhandlungen mit dem Firmeninhaber Stefan Bing lieferte die Nürnberger Firma schon ein Jahr später ein „Black Prince“-Modell der London and North Western nach England; die naturgetreu wiedergegebene Maschine wurde dort auf Anhieb zum Bestseller. (Auch Ernst Plank aus Nürnberg baute eine „Black Prince“, die in England sehr beliebt war.) Dem „Schwarzen Prinzen“ mit der Achsfolge 2B – das heißt 2 Laufräder und 2 angetriebene Achsen – folgten weitere englische Modelle, darunter eine der typischen „Singles“ der Midland Railways, eine Pilot-2B-Tenderlokomotive der North London Railway sowie Lokomotiven der berühmten City-Klasse.

Die frühen Modelle gab es wahlweise mit Dampf- oder Uhrwerkantrieb in den Spuren 0 bis III. Mit den glattlinigen, modellgetreuen Engländern begann das Modellzeitalter, dem die deutschen Firmen jedoch für ihren eigenen Markt nicht allzuviel Wichtigkeit beimaßen. Zwar orientierte man sich auch an den Vorbildern, die in den inländischen Bahnhöfen zu besichtigen waren, gab aber mehr deren Impression als eine naturgetreue Nachbildung wieder. Proportionen, Lage und Durchmesser des Kessels, Gestaltung des Führerhauses und Anordnung der Zylinder entsprachen eher dem Zufall und einer preisgünstigen Produktionsweise als dem Streben nach Wirklichkeitstreue.

Ausnahmen bilden die Regel, wie bei der Firma Bing, die eine sehr gelungene Imitation der schönsten deutschen Dampflok, der bayerischen S2/6 herausbrachte. Diese Lok von Krauss-Maffei war die Krönung im deutschen Lokomotivbau und machte im kleinen Maßstab Modellgeschichte. Den sogenannten Maffei-Stil mit dem keilförmig nach vorne gezogenen Führerhaus und der kegelförmig zugespitzten Rauchkammer nahmen Firmen wie Märklin und Carette zum Vorbild, obwohl Bing, geübt durch die Bassett-Lowke-Aufträge, der leichten und eleganten Wirkung dieser Maschine am nächsten kam.

Die Erfordernisse des englischen Marktes brachten auch die Göppinger Firma Märklin dazu, mehr auf modellgetreue Wiedergabe zu achten und „naturgetreue Grüne, Braune und Weinrote“ für den englischen Markt zu konzipieren. Die Märklin-Exportkataloge zeigten bald zahlreiche Varianten von „Correct english models“, wie es auf der Titelseite des Export-Kataloges

97 Große Schnellzuglokomotive der „GNR" – Great Northern Railway – in Spur II = 54 mm.
Mit solchen Maschinen begann das Zeitalter der echten Modellbahn, eine Tendenz, die auf den englischen Fabrikanten Bassett-Lowke zurückgeht, der erkannt hatte, daß eine Spielzeugeisenbahn ebenfalls ein Hobby für Erwachsene sein kann. Seine Vorstellungen von einer modellgetreuen Wiedergabe der großen Dampfrösser konnte er bei großen Serien nur in Deutschland realisieren lassen. So kommt es, daß die frühen Bassett-Lowke-Lokomotiven in Nürnberg gebaut, aber modellgetreu den englischen Vorbildern nachempfunden sind. Die hier gezeigte uhrwerkgetriebene Maschine von 1910 mit der Achsfolge 2B (die arabische Ziffer steht für die Anzahl der Laufräder, der Buchstabe für die Anzahl der angetriebenen Räder) wurde in Nürnberg von Bing für den englischen Auftraggeber gebaut.

98 Rechts: Eine grün lackierte „GNR"-Single" von Bing für Bassett-Lowke. Die hier in der Spurweite I = 48 mm ausgeführte Maschine hatte Uhrwerkantrieb, das auf das charakteristische, große Treibrad übersetzt wurde. Bassett-Lowke bot in den verschiedenen Spurbreiten modellgetreu nachgebildete, englische Lokomotiven mit Dampf, Uhrwerk und elektrischem Antrieb an.

99 Das keilförmig zulaufende Führerhaus wie der kegelförmige Abschluß des Kessels waren Kennzeichen der schönsten, deutschen Lokomotive. Die bayrische S 2/6 von Krauss-Maffei in ihrer typischen, grünen Lackierung für die Königlich-bayerische Staatsbahn ging als sogenannter Maffei-Stil in die Eisenbahngeschichte ein.
Vor allem Bing war gut vertreten, da dessen Produktion dem formschönen Original sehr nahekam.

G. N. R.

100 Englische Tender-Lokomotive in der seltenen Achsfolge B 2 (zwei angetriebene Räder und ein nachlaufendes Drehgestell) für die L.S.W.R. — London and South Western Railway — für Bassett-Lowke. Auch diese uhrwerkgetriebene Lokomotive wurde in Nürnberg für den englischen Markt gefertigt.

L und M heißt, der mehr als vierhundert Seiten umfaßt.

In der Märklin-Katalogsammlung Band 5, herausgegeben von Baekker/Haas/Jeanmaire gibt es englische Lokomotivtypen, vom einfachsten Zweiachser bis zum „Großen Bären" mit zwei Laufachsen, drei angetriebenen Achsen und einer Schleppachse. Der Pazifiktyp mit den drei gekuppelten Achsen wurde erst möglich, als man die Gleisradien erweiterte. Urvater dieser mit kleinen Radschutzkästen ausgestatteten Maschine für Dampf, Elektro- oder Uhrwerkantrieb in den Farben der Great Western Railway war eine württembergische 2 C1 Dampflok. Für den amerikanischen Markt wurde sie mit einem spitz zulaufenden Führerhaus, einer Glocke und dem obligatorischen Kuhfänger ausgestattet.

Die Verkleidung der Maschinen mit zwei oder drei Antriebsachsen (Typ Atlantik und Pazifik) entsprach aber noch lange nicht den Normen, die die Zunft der sogenannten „Nietenzähler" und „Pufferküsser" von einem echten Modell erwartet. Wesentlich modellgetreuer hingegen war der Wagenpark, bei dem die Nürnberger Firma Carette und die Göppinger Firma Märklin an der Spitze lagen. Ging es um Wagen der englischen Linien LNWR (London and North Western Railway) oder der MR (Midland Railway) oder der GNR (Great Northern Railway), kam die Technik der farbigen Chromlithographie besonders effektvoll zur Geltung. Selbst die Holzimitationen wurden treffend gut nachgeahmt. All diese kompletten Züge gab es mit Zweiachsern, Dreiachsern oder mit Drehgestellfahrzeugen in verschiedenen Längen. Es wurden sogar sechsachsige Wagen in Spur 0 und I gebaut.

Als Folge des großen Börsenkrachs in Amerika, aufgrund dessen indirekt die Nürnberger Firma Bing ihr Spielzeugprogramm einstellen mußte, war Märklin auf dem deutschen Markt zusammen mit Karl

Bub aus Nürnberg konkurrenzlos geworden und begann, sich auch stilistisch neu zu orientieren. Dazu kam, daß seit 1920 alle bis dahin von den deutschen Staaten geleiteten Bahndistrikte zu einer einheitlichen Reichsbahn zusammengefaßt wurden und die Zentralisierung die Einführung von Einheitstypen im Lok- wie auch im Wagenpark zur deutschen Einheits-Schnellzug-Lokomotive" von Märklin war Folge hatte. Das „Modell einer gleichzeitig mit Karl Bub der erste Versuch, den neuen „Reichsbahnstil" modellgetreu nachzubauen.

Zur naturgetreuen Maßstäblichkeit fand man indes erst mit einer 2C1, nach dem Einheitstyp 01 der Reichsbahn konzipiert. Mit diesen Lokomotiven kamen auch neue, modellgetreue Wagen auf den Plan, die heute nach Baulängen (in Spur 0 = 34 cm und 40 cm – in Spur I = 53 cm und 57 cm) gesammelt werden.

Der Höhepunkt und prominente Abschluß des Zwanziger- und Dreißiger-Jahre-Stils war die Krokodillokomotive, die 1933 als Märklins bedeutendstes Modell erschien. Vorbild für dieses, in Spur I zweimotorig und 63 cm lange und in Spur 0 nur 45 cm lange Monster war die Gotthard-Güterzuglokomotive der Schweizer Bundesbahn. In der großen Spur-I-Version kostete sie damals 260 Reichsmark und wird heute nicht unter 20.000 Mark gehandelt.

Mit von der Partie war die Göppinger Firma, als der erste „Schienenzeppelin" in Leichtbauweise mit

101 Ein Bahnmeister läßt sich von zwei Arbeitern auf einer Draisine zur Streckeninspektion herumkutschieren. Märklin brachte 1905 diese uhrwerkgetriebene Draisine heraus. Über eine exzentrisch angebrachte Kuppelstange am großen Rad wurden die beiden Bahnarbeiter in Bewegung gehalten.

102 Überraschungszug von Karl Bub, Nürnberg: Whatsamatter-Train. „Die Bahn hält während ihres Laufes auf dem Schienenkreis mehrere Male; der Lokomotivführer streckt hierbei automatisch jedesmal seinen Kopf aus dem Dach des Lokomotivhauses hervor und verschwindet wieder langsam im Innern desselben, worauf der Zug automatisch seinen Lauf fortsetzt", heißt es im Katalog von 1927.

Flugzeugdruckpropeller Ende 1930 auf Schienen über 250 km/h erreichte. Uhrwerkgetrieben oder mit 20-Volt-Motor brauste im folgenden Jahr die verkürzte Märklin-Spur-0-Version über die Modellanlagen. 1932, kurz bevor Bing die

Spielwarenproduktion gänzlich einstellte, erschien auch in Nürnberg ein silberner Blechzeppelin. Originelles Gegenstück zum luftschraubengetriebenen Schnellfahrzeug waren jene uralten Draisinen, die man manuell über die Schienen bewegte. Märklin brachte kurz nach der Jahrhundertwende das Streckeninspektionsfahrzeug in den Spuren 0 und 1 heraus und Bing ein uhrwerkgetriebenes Modell mit zwei „heftig pumpenden" Blechmännern wenig später. Wenn diese bunt lithographierten, überdimensional großen Streckenarbeiter sich emsig auf der Draisine zu schaffen machen, wird man an eine Comic-strip-Darstellung erinnert.

Comic auf Schienen brachte auch die Nürnberger Firma Karl Bub heraus. und bezeichnete diese Kreation als

103 Märklin-Tender-Lokomotive der „North London" mit Spiritusfeuerung. Dieses Modell stammt aus dem Jahre 1905.

104 Die Aufschrift „Jamaica Bananen" war Anlaß für einen farbigen Akzent im Güterzugprogramm. Der gelbe Wagen mit der leuchtend roten Aufschrift erwies sich als Verkaufserfolg. Die Abbildung zeigt ihn in Spur 0. Beliebt waren auch Versionen des gleichen Wagentyps als Bier- oder Kühlwagen.

Überraschungszug: „Die Bahn hält während ihres Laufes auf dem Schienenkreis mehrere Male; der Lokomotivführer (aus Blech) streckt hierbei automatisch jedesmal seinen Kopf aus dem Dach des Lokomotivhauses hervor und verschwindet wieder langsam im Inneren desselben, worauf der Zug automatisch seinen Lauf fortsetzt", erläutert der Katalog von 1927.

„Jamaica"
Bananen
Bremen

105 Aus dem Wagensortiment von Carette (Reprint aus „Die Anderen Nürnberger“ Band 1).

Waggons

Vom stark verkürzten Blechwägelchen aus der Anfangszeit, bei dem sich noch nicht einmal die Andeutung einer Türe finden läßt, bis zum naturgetreu nachgebildeten Modellwagen mit Drehgestell in maßstabgetreuer Länge reicht die Palette der Waggonstile. Den einzigen wirklich modellgetreuen D-Zug-Wagen hatte Jean Schoenner als „D-Zug-Salonwagen" in 5 Spurgrößen schon 1900 im Programm. In Spur 0 war der Naturgetreue 35 cm lang, in Spur III 75 cm.

Modell oder Spielzeug war hier die Frage, die sich die Spielzeugfabrikanten stellten. Dabei spielte die Wiedergabe großer, berühmter Züge von Anfang an die Hauptrolle.

Schon aus dem lithographierten Aufdruck der kleinen Spur-0-Blechwaggons von Issmayer (Abbildung Seite 83) geht hervor, daß der Orientexpreß dargestellt werden sollte. Die bunt-bedruckten Blechkistchen der Frühzeit beziehen ihren Charme und Sammlerwert offensichtlich aus allem anderen als aus der Modellgetreue. Noch weit entfernt vom Original fiel auch der Orientexpreß von Ernst Plank aus, den er 1902 als „Harmonikazug" in Spur 0 = 35 mm und in Spur VIII = 65 mm vorstellte. Waggons und Lokomotive mit dem „Kuhfänger aus dem Wilden Westen" glichen mehr einer amerikanischen Eisenbahn als dem Zug, der um 1900 tatsächlich zwischen Paris und Istanbul verkehrte.

Bei den großen Zügen verhielt es sich historisch ebenso wie bei den Lokomotiven: Der Einfluß des englischen Marktes brachte die deutschen Hersteller dazu, Ausstattungen und Formen naturgetreu nachzubauen. So entstanden nach englischem Vorbild Züge der Linien LNWR, MR und GNR in Originallängen und -farben, während die Pullmannwagen von Bing und Märklin ohne Puffer, mit aufklappbarem Dach und Inneneinrichtung für den amerikanischen Markt sowie die heimische D-Zugwagenproduktion noch lange an einer sehr reizvollen Stilisierung festhielt.

Vom stark verkürzten Drehgestell-D-Zugwagen, den es bei Carette am naturgetreuesten (20 bis 23 cm Länge in Spur 0) und bei Märklin am stilisiertesten (15 bis 17,5 cm in Spur 0) bis zum Ersten Weltkrieg gab, führte der Weg, abgesehen von den fortgeschrittenen, englischen

---

106 Nachfolgende Seite: Märklin fand kurz vor 1900 zu einer typischen und unverkennbaren D-Zugwagenform, die bis in die zwanziger Jahre in abgeänderter Form produziert wurde. Neben den grün und braun-rot lackierten Wagen gab es den sogenannten Kaiserzugtyp in der Zweifarblackierung blau und weiß. Selbstverständlich hatten diese Wagen eine komplette Innenausstattung. Zum Zug gehörte auch ein Salonwagen mit Mitteleinstieg, der in einen blauen Herrensalon und einen rosafarbenen Damensalon eingeteilt war.
Der abgebildete Wagen zählt zur Spurklasse II und stellt einen normal eingerichteten, kaiserlichen Hofwagen dar. Den kompletten Hofzug des Kaiser Wilhelm II gab es in den Spurweiten 0, I und II. Wagen dieser Gattung erfreuen sich bei Sammlern besonderer Beliebtheit.

I

EXPORT BRAUEREI

Versionen, erst in den zwanziger und dreißiger Jahren zum langgezogenen, modellgetreuen Wagen. Zwischenstufen waren bei Märklin ein 21,5 cm langer Typ in Spur 0 mit lithographierter Holzimitation, Türen zum Öffnen, durchbrochenen Fenstern und Öffnungen für einsteckbare Harmonikaverbindungen, dann eine 29,5 cm lange Serie mit rotem Mitropa-Speise- und Schlafwagen und den wesentlich selteneren Versionen in blau für internationale Waggons, außerdem über 34,5 cm lange Wagentypen der ähnlichen Machart bis zur 40-cm-Serie aus der Mitte der dreißiger Jahre.

Auch bei den Güterwagen unterscheidet man, wie bei den Personenwagen, zwischen handbemalten Typen mit geprägtem Relief und lithographierten Modellen. Dazwischen findet man selbstverständlich Mischformen mit Abziehbildern und einer klar überlackierten Lithographie, um einen handbemalten Effekt vorzutäuschen. Stilistisch spaltet sich neben dem Zeitstil, der sich von Jahrzehnt zu Jahrzehnt zum Modellgetreuen hin veränderte, die Güterzugpalette in verschiedene Nationalitäten auf. Nahezu alle deutschen Fabrikanten haben für den amerikanischen Markt die typischen Drehgestellwaggons reproduziert. Die „Amerikaner", mit Reklameschriften oder Initialen der dortigen Eisenbahngesellschaft farbig bedruckt, hatten, wie die Vorbilder, keine Puffer. In exquisiter Chromlithographie fertigten Carette, Märklin und Bing ihr „englisches Sortiment".

107 Bierwagen „Münchner Kindl" von Bing aus Nürnberg, Spur I, um 1905.

108 Aus der Serie der 13 cm langen Güterwagen von Märklin in Spur 0 aus den dreißiger Jahren ist dieser Bierwagen mit der Aufschrift „Feldschlößchen Rheinfelden" sicher das seltenste Modell.

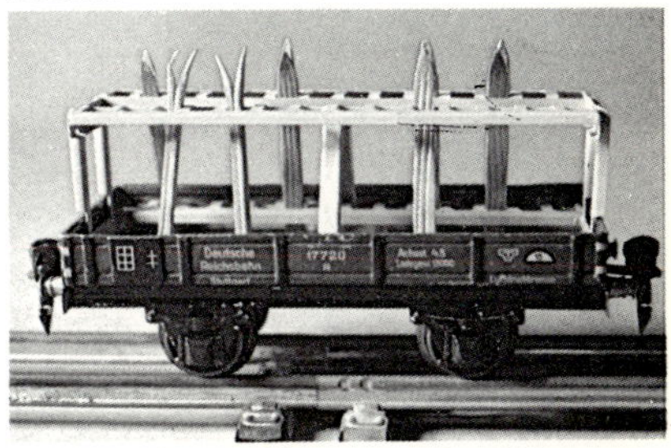

109 Auf in den Wintersport — Skitransportwagen von Märklin aus den dreißiger Jahren, Spur 0. Das Skigestell besteht aus Metall, die Schneebretter aus Holz.

Von den Güterwagenveteranen stehen auf der Beliebtheitsliste ganz oben jene, die für den Bahnbedarf bestimmt waren: Schneepflüge, Schneeschleudern, funktionierende Kranwagen sowie vom Krieg inspirierte Darstellungen als Lazarett- und Panzerzüge, wobei diese grauen, fahrenden Festungen ausgesprochenen Seltenheits- und Liebhaberwert besitzen. Vorbild für die Panzerzüge waren gepanzerte Bahnen, die die Engländer um die Jahrhundertwende in Südafrika während der Burenkriege eingesetzt hatten, um ihren Nachschub zu sichern!

110 – 114 Zur Komplettierung der Eisenbahnanlagen gab es eine große Auswahl an Accessoires, die nicht nur die Strecke abwechslungsreich gestalteten, sondern auch die Bahnsteige belebten. Im Maßstab wurden sie passend zu allen Spurweiten von 0 bis II hergestellt.

Oben: Abfahrts- und Ankunftsanzeiger aus Blech, der die Richtung zu verschiedenen deutschen Städten angeben kann. Diese verstellbaren Modelle bot man auch mit internationaler Beschriftung für die Exportländer an.

Links: Freie Fahrt für die Königlich bayerische Staatsbahn zeigt ein Doppelsignal.

Rechts oben: Zwei Zeitungskioske aus gepreßtem Blech für eine Bahnanlage in Spurgröße I. Der rechts stehende Pavillon imitiert eine Gußeisenkonstruktion der Gründerzeit und stammt von Bing. Als Auslagen wurden zu solchen Accessoires kleine, gedruckte Miniaturzeitungen geliefert.

Dieser Buffetwagen dürfte von der Nürnberger Firma Carette fabriziert worden sein. Der kurz nach der Jahrhundertwende gebaute, fahrbare Verkaufsstand war für Spur III/IV gedacht.

Zeitungen

JOURNAUX
ZEITUNGEN

Accessoires

Dem Sammler geht es nicht nur um Loks und Wagen. Ebenso begehrt sind die großen Blechpaläste, die bunten Signalwälder, die Bahnschranken sowie die amüsanten Blechtunnels mit perspektivisch verkleinerten Kirchen, Burgen und Aussichtsbänkchen. Hier vereitelt die künstlerische Interpretation und der Spieltrieb jeden Versuch nach naturgetreuer Nachbildung, obwohl den Dingen, einzeln betrachtet, immer Motive aus der Realität zugrundeliegen.

Im Großen und Ganzen allerdings bleibt der Spielcharakter im Vordergrund. So mußten die Reisenden beim Umsteigen nicht verhungern: Ein Bahnhofsbuffet von Ernst Plank bot Cognac, Bordeaux oder englischen Kuchen, wie heute noch am Pariser Gare de Lyon, feil. In feiner Blechprägung ist der Holzsockel mit typischer Mahagonitäfelung wiedergegeben, auf der Theke Gitter mit Schnörkeln und, dekorativ angeordnet, zwei große Blumenetageren, die das Gebäck und die Getränke einladend offerieren.

Als weitere Ausstattungsstücke für Bahnhöfe" gab es Fahrkartenschal-

115 Eine „complette Eisenbahnanlage" in solidester Ausführung offerierte die Nürnberger Firma Ernst Plank um 1900. Aus Blech geprägt gehören dazu: Ein Tunnel, ein Bahnhofsgebäude, zwei Weichenposten, ein Streckenwärterhäuschen mit Bahnschranke, drei Signale sowie eine Lagerhalle. Der Katalog bietet das Arrangement in drei unterschiedlichen Größen an: Spur 0, alte Messung = 35 mm, Spur I, alte Messung = 48 mm und Spur VIII = 65 mm (Sonderspur von Plank).

116 Komfort für den kleinen Reisenden aus geprägtem Blech: Für die Bahnhofsrestauration sorgte Ernst Plank mit einem Bahnsteigsbuffet 1. Klasse. Solche Buffets sieht man heute nur noch in Paris am Gare de Lyon. Das Modell ist 16 cm lang und 9 cm breit.

ter, Zuganzeiger und sogar Pissoirs mit zwei Eingängen im Stil der Zeit. Auf englischen Bahnhöfen hatte man beobachtet, wie man dort einen kleinen Wagen schob, von dem man „Rugs and Pillows“ – Dekken und Kissen – an die Reisenden des Nachtzugs vermietete. Diese Ausführung im Stil der englischen Midland Railway brachte Märklin in verschiedenen Spurgrößen heraus.

Bahnhofsgebäude im gelb-gestrichenen „Göppinger Barock“, wie der Mischstil des Historismus aus Schnörkeln, Backsteinen und flachen Wandsäulen von dem Modellbahnpionier Gustav Reder bezeichnet wurde, hatten kleine auf Gußeisenstützen ruhende Glas- oder Blechanbauten, unter denen die Reisenden speisen konnten. Meist krönte die zerklüftete Dacharchitektur neben einer Wetterfahne die üblichen Vorrichtungen für Telegraphendrähte. Besonders attraktiv und formschön sind die offenen Bahnhofsüberdachungen, die die Gußeisenarchitektur der Jahrhundertwende wiedergeben. Sie waren aus realistisch gegossenen Eisensäulen und geprägten Blechdächern zusammengesetzt. Beleuchtet wurden die Steingebäude manchmal durch eine flackernde Kerze, die man im Inneren aufstellte, so daß der Lichtschein durch die geprägten Fenster nach außen drang oder von kleinen Petroleumlampen, die mit sehr formschönen, eisernen Rundbogenaufhängungen geliefert wurden. Für anspruchsvolle Eisenbahner gab es sogar eine elektrische Bahnsteigbeleuchtung.

Auf der Bahnstrecke ging es nicht weniger illuster zu: Dort passierte der Zug kleine Bahnwärterhäuschen aus reliefgeprägter Backsteinarchitektur, Läutwerke, die man von Hand aufziehen mußte, Bahnschranken oder Tunnels mit Einschnitten und abgestützten Steinbögen, durch die man den Zug beobachten konnte. Neben dem Stadtbahnhof existierten kleine Landstationen mit Blumenrabatten und einem bescheidenen Empfangsgebäude, einer kleinen Lagerhalle und einem Signal, das die Ein- und Ausfahrt freigab. Bis der Zug am Zentralbahnhof wieder einlief, mußte er noch die obligatorische Eisenbahnbrücke passieren, die es als Imitation der komplizierten Eisenkonstruktionen der Gründerzeit gab. Oft zierten fahnengeschmückte Steintürmchen und Portale die Einfahrt zu einem solchen dekorativen Brückengebilde.

117 Romantik am Schienenstrang: Bahnwärterhäuschen gab es in allen Preisklassen. Dieses mit automatisch schließender Schranke jedoch gehörte zu den aufwendigeren Modellen.

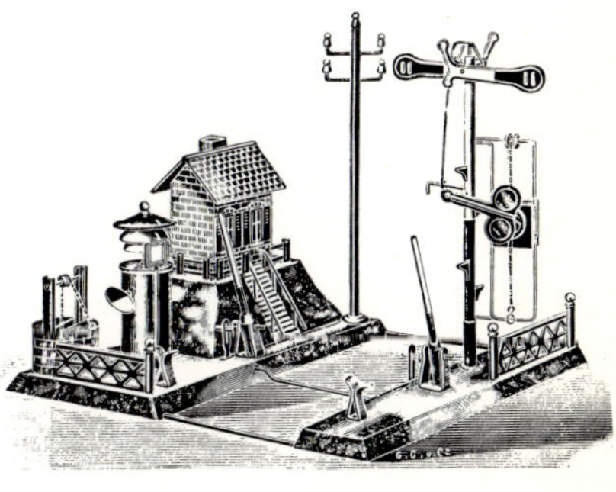

118 – 120 Straßenbahn der Firma S. Günthermann, Nürnberg, in Spur O mit Uhrwerkantrieb, Glocke und Anhänger. Möglicherweise entstand dieses in den zwanziger Jahren vertriebene Modell kurz vor dem Ersten Weltkrieg.
Schon um 1893 hatte Carette in Chicago eine erste, elektrisch betriebene Modell-Straßenbahn gezeigt und auch Bing und Märklin boten bald Straßenbahnen an.

Das Modell von Günthermann ist besonders effektvoll lithographiert. In der Abbildung links unten sieht man im schwarzen Kreis das Firmenzeichen „SG". (Das gleiche Modell ist auch mit dem Signet AW/SG bekannt). In der Abbildung auf der rechten Seite sieht man, wie mit einfachen Mitteln eine Lampe im Lithographie-Druckverfahren auf das Blech flach aufgedruckt wurde.

Antriebsmodelle

Das 19. Jahrhundert stand ganz im Zeichen der Dampfkraft, ohne die eine Industrialisierung undenkbar gewesen wäre. Dampfmaschinen betrieben nicht nur Schiffe, Lokomotiven und die ersten Straßenfahrzeuge, sondern auch Bohrmaschinen, Webstühle, Sägen, Hammerwerke, Pumpen und Mühlen. Die Dampfkraft, über Transmissionen weitergeleitet, stand als Antriebsenergie in den Fabriken zur Verfügung wie heute die Elektrizität.

Dampfmaschinen

Die Dampfmaschine als Antriebsaggregat benutzte man auch im Bereich des Spielzeugs, denn die Dampfkraft funktioniert im Modell genausogut wie im Großen. Dampfmaschinen mit vertikal oder horizontal liegenden Kesseln wurden hauptsächlich von Spielzeugfabrikanten in Frankreich und Deutschland hergestellt.

Die französischen Firmen Rossignol, Radiguet und Coudray et Cie offerierten Dampfmaschinen, Aggregate mit senkrecht stehendem Kessel, der von unten beheizt wurde und entweder mit oszillierendem oder doppelt wirkendem Zylinder ausgestattet war. Von dem Zylinder ging die Kraftübertragung auf ein Schwungrad über, das dann die Kraft über Transmissionen weiterleiten konnte.

Zu standardisierten und industriellen, in Großserien hergestellten Dampfmaschinen fanden nur die deutschen Spielzeughersteller, die ihre Miniatur-Dampfaggregate in alle Welt exportierten. Die Produkte trugen die Marken der Gebr. Bing, Märklin, Jean Schoenner, Falk und Ernst Plank. Diese Firmen scheinen untereinander Lieferverträge abgeschlossen zu haben, so daß die Etiketten auf den Geräten nicht unbedingt Auskunft über den tatsächlichen Produzenten geben.

Ernst Plank bezeichnete sich in seinem Katalog von 1902 als einer der größten Dampfmaschinenhersteller und lobte seine Qualität: „Wenn bei irgendeinem Spielzeug die Qualität desselben von größter Bedeutung ist, so sind hier in erster Linie die ‚Spielzeug-Modell-Dampfmaschinchen' zu nennen. Nicht die Größe, sondern nur die Güte des Maschinchen kann diejenige Freude ungeschmälert hervorrufen, welche mit dem Einkauf eines Maschinchen beabsichtigt ist. Zurückdenkend der Jahre, in denen ich die Modell-Dampfmaschinchen am hiesigen Platze als erster und einziger Fabrikant in den Handel brachte, war von jeher und bleibt auch für die Folge mein ausgesetztes Bemühen, darauf bedacht, diesen Artikel in so vollkommen sicherer Arbeit zu liefern, wie es die Natur dieses Spielzeugs eigentlich von selbst erfordert. In Kürze will ich

bemerken, daß für sämtliche Teile der Maschinchen nur das beste Material verwendet wird, und nachdem blank poliertes Messing besonders gegen feuchte Luft sehr empfindlich ist, sind alle Armaturen fein vernickelt und die Messingkessel nach längst bekanntem Verfahren ‚stahlblau' patiniert; es ist damit den Maschinen für alle Zeiten ein unzerstörbares, gleichmäßiges Aussehen gegeben."

So erklärt der Nürnberger Fabrikant auch eine weitere Spezialität: „Von dem Gedanken ausgehend, daß insbesondere bei Spielzeug-Dampfmaschinchen ein Sicherheitsventil zu verwenden ist, das in allen Fällen,

121 Demonstrative Umsetzung von Arbeit: Die Schmiede ist ein seltenes Antriebsmodell von Bing, Nürnberg, um 1910. Die fleißigen Schmiede bestehen aus lithographiertem Blech, der eine betätigt sich an der Esse, während der andere das Eisen am Amboß bearbeitet, sobald die Figuren über eine laufende Transmission an eine Dampfmaschine angeschlossen werden. Die Rückwand zeigt in feiner Reliefprägung die für die Gründerzeit typische Backsteinbauweise.

ohne jede Ausnahme, richtig funktioniert, sind meine Bemühungen insofern von Erfolg, als ich Ihnen einen unter Nr. 111931 patentierten Sicherheitsventil-Manometer empfehlen kann, welcher zu jeder Zeit und unter allen Umständen den im Kessel zuviel erzeugten Dampf

122 Viele der Antriebsmodelle illustrieren die Arbeitswelt. Der Scherenschleifer (links) wurde aus bedrucktem Blech hergestellt und mit einem Uhrwerk versehen. Mit dem Fuß tritt er unermüdlich auf und ab, während er eine kleine Blechschere schleift. Wesentlich charmanter als sein deutscher Kollege erscheint der französische Scherenschleifer von Rossignol. Die Variante desselben Themas ist vom Pariser Hersteller mit Schwungrad ausgestattet, der Schleifer selbst ein wandernder Geselle mit Schlapphut und fahrbarem Schleifstein. Der Mann mit dem Sägebock (rechts) funktioniert mit Dampfmaschinenantrieb. Er ist, wie viele der späteren Modelle, im Relief geprägt und lithographiert.

123 Zwei Dampfmaschinen (stationäre Lokomobile) von Bing in verschiedener Größe. Mit ihnen konnten die Antriebsmodelle in Aktion versetzt werden.

selbsttätig und rechtzeitig ableitet."

Das Angebot von Plank war ebenso für andere deutsche Hersteller repräsentativ, denn Plank brachte jedes seiner Modelle, ob mit senkrecht stehendem oder waagerecht liegendem Kessel in mindestens fünf, wenn nicht sogar sechs verschiedenen Größen auf den Markt. Am teuersten waren und sind auch heute noch jene Aggregate mit doppelt wirkendem Zylinder. Mit solchen Maschinen konnte man nicht nur ein Antriebsmodell, sondern gleich mehrere in Bewegung setzen.

Mechanische Arbeitswelt aus Blech

Für 7 Mark konnte man schon ein kleines Maschinenhaus erhalten. Hierfür stülpte Plank über den langgezogenen Kessel ein Blechgehäuse mit aufgedruckten Fenstern und im Relief geprägten Backsteinwänden. Das Dach war aus Wellblech. Über ein kleines Ventil konnte der Dampf entweichen. Der hohe Kamin war, wie bei den meisten anderen, deutschen Dampfmaschinen ebenfalls aus geprägtem Blech, so daß der Eindruck eines aus Backstein gemauerten Schornsteins entstand.

Viel reizvoller als die Antriebsaggregate sind die Accessoires, die zu den einzelnen Modellen mitgelie-

124 Zwei lithographierte Antriebsmodelle aus den zwanziger Jahren.

125 Die Antriebsmodelle sind nicht zuletzt wegen der lebendigen Gesichter beliebt: Sie strahlen Zeitgeist aus!

126 Personenaufzug mit zwei Kabinen von Doll & Cie., Nürnberg. Die Abbildung zeigt zwar ein seltenes Modell, jedoch einen häufig anzutreffenden Erhaltungszustand. Durch das Spielen fehlen wichtige Details: Nur noch ein Stift in den Sitzbänken erinnert an die ursprünglichen Fahrgäste, außerdem fehlt die geschwungene Wetterfahne auf dem Dach mit dem Firmenzeichen „D C" sowie ein Rundbogen, der zwischen den Gitterträgern eingelötet war. Um ein solches Modell sachgemäß zu ergänzen, braucht man alte Abbildungen über den ursprünglichen Zustand.
Dieser Fahrstuhl beispielsweise ist im Katalog von Doll & Cie. zu finden. Das Dokument ist als Katalog-Reprint in „Die Anderen Nürnberger" Band 1 leicht zugänglich. Originalkataloge sind fast noch seltener als die darin abgebildeten Spielsachen.
Einen ähnlichen Fahrstuhl als Antriebsmodell für Dampfmaschinen bot auch der Nürnberger Fabrikant Ernst Plank 1902 und 1925 in seinen Katalogen an.

fert werden konnten und auf einer ausgeklügelten Mechanik beruhten. So wie die uhrwerkangetriebenen Bewegungsmodelle gelten die für Dampf vorgesehenen, vom Sammler als „Antriebsmodelle" klassifizierten Maschinen, Figuren und Kuriositäten als wesentlicher Bestandteil der Spielzeugindustrie.

Ernst Plank aus Nürnberg, der als Dampfmaschinenspezialist bekannt war, aber auch optische Geräte, physikalische und sonstige Lehrmittel herstellte, bot zum Beispiel ein interessantes Antriebsmodell für den Amateur-Astronomen an: Das Tellurium-Modell diente zur Demonstration der Umdrehung der Erde und des Mondes um die Sonne. Bei diesem, damals 5.20 Mark teuren Demonstrationsmodell drehten sich, über eine Transmission angetrieben, Erde und Mond auf ihrer Bahn, während das Licht der feststehenden Sonne über eine Kerze mittels Reflektion durch einen Hohlspiegel auf Erde und Mond weitergeleitet wurde. Die unregelmäßigen Umlaufgeschwindigkeiten der Gestirne konnten durch unterschiedliche Übersetzungen geregelt werden.

Häufiger waren einfache Modelle wie Kreis- und Baumsägen, Schleifsteine, Windmühlen, Hammerwerke und Bohrmaschinen. Sie kosteten damals in einfacher Blechausführung 4 Mark. Es mußte jedoch nicht beim simplen Schleifen, Sägen oder Hämmern bleiben. Für 6 Mark konnte man sich bereits eine Werkbank oder eine Presse aussuchen, für 9 Mark einen Federhammer oder für 11 Mark ein Stampfwerk beziehungsweise einen Doppelbrunnen.

Ganz besonders die Brunnen, die das Spiel mit Wasser ermöglichten, waren äußerst beliebt. Für 18 Mark offerierte Plank eine Froschfontäne, wo vier Frösche um eine Wasserfontäne saßen. Die Fontäne und der nebenstehende „gußeiserne" Wasserturm war nichts anderes als die Verkleidung eines Pumpwerks. Wer diese Blechverkleidung im Stil der damaligen Kurparkbrunnen nicht mit vier Amphibien wollte, konnte ein ländliches Motiv wählen: Zum gleichen Preise gab es einen idyllischen Dorfbrunnen mit einer aus Blech geprägten „Holzüberdachung", damit alle, die dort tranken, vor dem Regen geschützt waren. Solche Modelle als Doppelbrunnen, Tempelbrunnen, Kunstbrunnen, Springbrunnen und zweistufige Fontänenbrunnen konnte man in dem Produktionsprogramm deutscher Hersteller finden.

Wer noch mehr investieren wollte, konnte für 33 Mark eine kleine Brauerei von 38 cm Länge erhalten. Für 56 Mark wurde die „große Brauerei" mit vernickelten Armaturen und stahlblau patiniertem Dampfkessel angeboten. Innerhalb dieser Anlagen wurde das Wasser mit Dampfkraft gepumpt, zeitweilig wieder erhitzt und „destilliert". Ähnlich wie die Brauereien sahen die mechanischen Werkstätten mit mehreren aneinandergekoppelten Geräten, Mühlen mit verschiedenen Arbeitsgängen, Schöpf- und Baggerwerken aus. Als besonders reizvoll fielen die Jahrmarktmotive auf: Hier drehten sich mit Dampfkraft Karussells, Schiffschaukeln, Tunnelkarussells, Russische Schaukeln und Riesenräder mit bis zu zwölf Gondeln.

Im Katalog der Nürnberger Firma Doll & Cie gab es neben Paternostern sogar einen Bayer mit Hütchen und zünftiger Trachtenjacke, der am Biertisch saß, Würstchen aß und den Humpen zum Munde führte, einen Maibaum mit einem auf- und abkletternden Jüngling, eine Rodelbahn, einen Raubtierzwinger mit vier sich im Kreise drehenden Raubtieren, eine Hühnerbraterei und eine Kaserne mit marschierenden Soldaten.

Zu den bedeutendsten Herstellern dieser kuriosen Bewegungsmodelle aus Blech zählen Doll & Cie, Schoenner, Plank, Falk, Bing und Märklin. Die hämmernden, sägenden, mähenden und schmiedenden Figuren waren meist ausgesprochen schön lithogrphiert und ein Spiegelbild der damaligen Arbeitswelt.

127-128 Nachfolgende Seite: Zwei Antriebsmodelle für Dampfmaschine – Glockenturm und „Russisches Karussell". Beim vergnüglichen Messegefährt fehlen lediglich die für dieses Modell typische Blechfahne auf dem Dach und zwei Fahrgäste.

Luftfahrt

Das Abenteuer der Luftfahrt begann mit den Experimenten der Brüder Montgolfier. Sie gehören zu den Pionieren, die in Frankreich einen Warmluftballon steigen ließen. Dieser Flug fand zwar noch ohne Passagiere statt, aber im Herbst desselben Jahres starteten sie einen interessanten Versuch: Sie ließen Haustiere mitfliegen.

Kurze Zeit später, im November, unternahmen zwei wagemutige Franzosen ihre erste Reise im Ballon. Es folgten kühne Phantasieprojekte. Erst 1903 glückte es zum ersten Male in USA, daß sich ein motorisiertes Fluggerät 12 Sekunden lang in der Luft halten konnte. Im gleichen Jahr legte der „Flyer I" der Gebr. Orville (1871–1948) und

129 Die ersten „fliegenden Zigarren" tauchten bald auch als Spielzeug auf: Deutscher Zeppelin mit Uhrwerkantrieb, nach 1900.

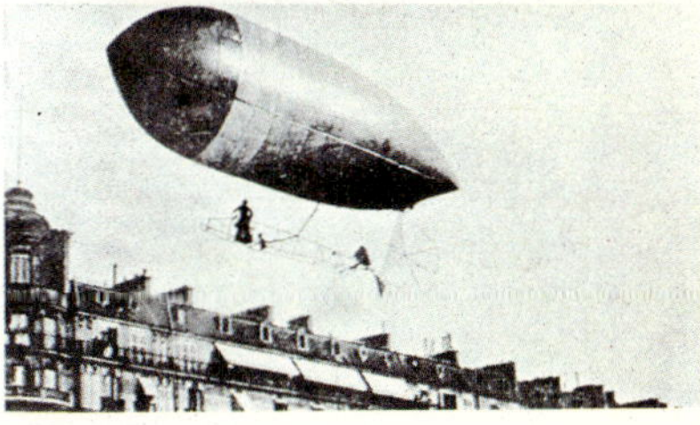

130 Als der brasilianische Flugpionier Alberto Santoz-Dumont mit seinem lenkbaren Luftschiff „N.9" am 12. Juli 1901 um 7.00 Uhr früh um den Eiffelturm kurvte, sprach ganz Paris von der „fliegenden Zigarre".

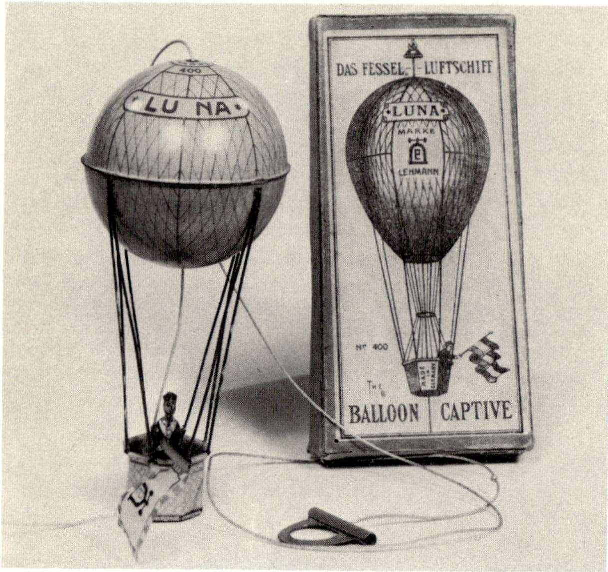

131 „LUNA" nannte der deutsche Spielzeughersteller Lehmann seinen Fesselballon. Das Luftgefährt stieg an der Schnur auf und ab.

Wilbur Wright (1867–1912) in Northcarolina eine Strecke von 50 Metern zurück und 1904 gelang Ihnen in ihrer Doppeldeckerkonstruktion der erste motorisierte Kurvenflug.

Um den Rückstand in der europäischen Fliegerei aufzuholen, setzte der französische Aéroclub den Ernest-Archdeacon-Pokal für den Piloten aus, der es schaffte, weiter als 25 Meter mit seinem Flugzeug zu fliegen. Es folgte ein Preis von 50.000 Goldfrancs für denjenigen, der als Erster bei einem Rundflug über einen Kilometer weit fliegen konnte. Beide Trophäen holte sich der brasilianische Flugpionier Alberto Santoz-Dumont.

Am Morgen des 25. Juli 1909 um 4.30 Uhr startete der Franzose Louis Blériot mit seiner Eigenkonstruktion zum ersten Flug über den Ärmelkanal. Sein berühmter Eindecker setzte 36 Minuten später in der Nähe von Dover auf. Damit machte Blériot mit seiner Zugpropellermaschine (es gab damals auch Konstruktionen mit Druckpropeller) Schlagzeilen, weil der „Daily Mirror" für die erfolgreiche Kanalüberquerung in der Luft einen Preis von 1.000 englischen Pfund ausgesetzt hatte und das Ereignis entsprechend propagierte.

Die Vögel der Frühzeit

Die „tollkühnen Männer in ihren fliegenden Kisten" wurden alsbald auch von den Spielzeugfabrikanten entdeckt. Das Blériot-Ereignis brachte die Firma Günthermann als 10 und 18 cm langes Blechflugzeug mit einem Konterfei des berühmten Piloten und Konstrukteurs heraus. Noch konnten diese Blechflugzeuge nicht fliegen, sondern schnurrten auf drei Blechrädchen über den Boden. Die Nürnberger Firma Ernst Plank hingegen hängte seine Blériot an einen durch Gegengewicht ausbalancierten Stab, so daß der propellergetriebene Weißblechvogel Flugbewegungen nachvollziehen konnte. Blériots gab es von zahlreichen Herstellern in Deutschland und Frankreich.

Die Firma Lehmann aus Brandenburg produzierte vor dem Ersten Weltkrieg den „Ikarus", einen Bodenroller auf drei Blechrädchen mit Uhrwerkantrieb, der über eine Luftschraube mit naturgetreu nachgebildetem und bunt lithographiertem Piloten in Bewegung kam. Das Blechspielzeug imitiert höchst genau das erste Leichtflugzeug der Welt: Die „Demoisselle" des Ballon-, Luftschiff- und Motorfliegers Alberto Santoz-Dumont, der mit diesem 143 Kilo schweren, aus Bambusrohren, Stahlrohr und Seide gefertigten Flugapparat 1909 Geschwindigkeiten von 90 km/h flog.

Eine Wiedergabe solcher Flugzeuge der ersten Stunde war ein Doppeldecker mit Druckschraube, der am ehesten Wrights „Flyer III" glich, in dem die Passagiere aufrecht sitzen konnten und nicht mehr liegen mußten. Mit diesem Flugapparat konnte man 1905 bereits zuverlässig 38 Minuten in der Luft bleiben. Das von Märklin 1909 im Katalog aufgeführte Modell gehört zu den größten Raritäten auf dem Blechspielzeugmarkt; es konnte mittels Uhrwerkantrieb sowohl auf dem Boden rollen als auch, ähnlich einer Schwebebahn, an einer Schnur entlanggleiten.

Lithographierte Weißblechveteranen

Zu wahren Weißblechphantasien kam es in den zwanziger Jahren, als das Fliegen längst eine erprobte Sache war. Flugzeuge in farbig lithographiertem Blech stellten Tipp & Co., Distler, Günthermann, Bing und JEP in großen Auflagen her. Sie bestehen aus gepreßtem Blech, während Fenster, Hoheitszeichen und der für die damalige Zeit

132 „Ikarus" von Lehmann — ein seltenes Blechmodell, das nach dem Leichtflugzeug „Demoiselle" von Santoz-Dumont (1909) gebaut war.

typische Wellblechrumpf in verschiedenen Farben aufgedruckt

Während die Technik in der Luftfahrt immer größere Fortschritte verzeichnete, hatte man inzwischen Flugzeuge mit herausschleuderbaren Fallschirmspringern (Tipp & Co.), Doppeldecker, Eindecker, Passagierflugzeuge mit offener Pilotenkanzel, Bombenflieger mit vier explodierenden Bomben, Sportflugzeuge und Flugboote auch als Blechspielzeug entwickelt. In der Bedruckung des Bleches entsprechen diese Modelle aus den dreißiger Jahren den damals ebenso beliebten, großen Blechlimousinen.

Am 2. Juli 1900 startete das erste 128 m lange Luftschiff mit zwei 16-PS-Motoren in Friedrichshafen. Die berühmteste Wiedergabe dieses frühen Luftschiffs stammt von Märklin. Besonders charakteristisch sind die zwei freihängenden Gondeln. Parallel zum starren Luftschiff des Grafen Zeppelin bot Märklin 1909 ein französisches vom Typ „Bayard Clément“ an.
Ein Luftschiff aus der frühen Serie des Grafen Zeppelin erschien als Typ „EPL I und II“ von der Brandenburger Firma Lehmann. Als 1929 das 236 m lange Luftschiff „Graf Zeppelin DLZ 127“ einen Flug um die Welt absolvierte, wurde die-

133 Das Vorbild zum Zeppelin R101 der Nürnberger Firma Tipp & Co. war ein englisches Luftschiff, das 1930 über Frankreich verunglückte. Für den deutschen Markt wurde das Luftschiff LZ 129 in mehreren Größen angeboten.

Sicherer auf Schienen war die Reise im „Schienen-Zeppelin“ von Bing (1932).

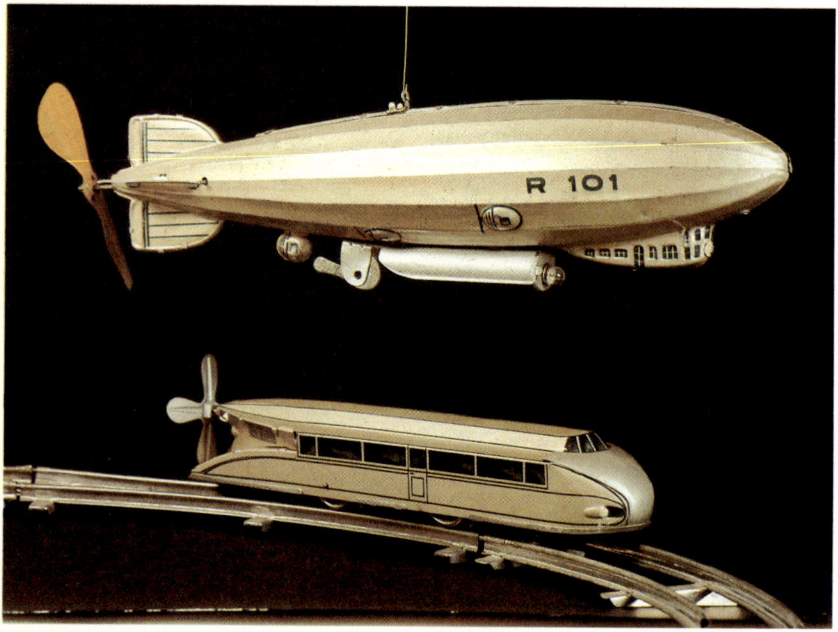

ses erfolgreichste und berühmteste Luftschiff zum Vorbild für viele Serien silberner Spielzeugzigarren.

Die bekanntesten Versionen brachte die Nürnberger Firma Tipp & Co. sowie Märklin in Göppingen heraus. Alle Modelle waren mit einer übergroßen Luftschraube am Heck ausgestattet, die das an einem Faden aufgehängte Spielzeug vorwärtsdrückte. Die Länge dieser silbernen Flugobjekte betrug nicht weniger als 20 bis 64 cm. Obwohl die meisten Zeppeline mit Uhrwerk „zum Aufhängen für Schwebeflug im Kreise" ausgerüstet waren, stattete Märklin in den dreißiger Jahren ein Modell mit einem 20-Volt-Elektromotor aus, so daß ein Dauerflug an der Zimmerdecke mit Hilfe einer mitgelieferten Hängevorrichtung möglich wurde.

134 Die „Spirit of St. Louis", mit der Charles Lindbergh nach 22 ½stündigem Flug den Atlantik überquerte, in einer Schuco-Ausführung. Lindbergh gewann mit seinem kühnen Abenteuer den 25000 Dollarpreis, den ein New Yorker Hotelier für die Atlantiküberquerung ausgesetzt hatte. 14 Tage nach ihm flog Clarence D. Chamberlain von New York nach Deutschland. Vielleicht ist dadurch die Aufschrift „New York — Berlin" zu erklären, denn Lindbergh landete in Paris.

Schiffahrt

„Was, Sie haben keine Unterseeboote? Sie müssen welche haben, sage ich Ihnen! Es ist notwendig, daß die deutsche Jugend lernt, daß die deutsche Flotte unbesiegbar ist und die Zukunft nicht nur über, sondern auch unter dem Wasser liegt!“ Danach soll er hastig mit einem Beistift ein U-Boot skizziert haben. Der so chauvinistisch sprach, war Kaiser Wilhelm II., der ärgerlich das Spielzeuggeschäft in Berlin wieder verließ. Vielleicht eine Anekdote, aber doch ein typisches Zeitbild, denn die damaligen Mächte glaubten, daß der Schlüssel zur Vormachtstellung auf den Weltmeeren liege. Der deutsche Kaiser, der im Spielzeugladen den erzieherischen Sinn des Spielzeugs formulierte, war oberster Flottenchef.

Spielzeug als Spiegel der Flottenpolitik

Schon um 1900 sah ein erstes Flottengesetz vor, die Seekräfte bis 1917 energisch auszubauen. Die Vermehrung der Kriegsflotten aller Länder ging Hand in Hand mit einer militaristischen Gesinnung. Um die Jahrhundertwende erschien ein fünfteiliges Standardwerk von Julius Flugh-Hartung „Die Heere und Flotten der Gegenwart“, 1904 wurde der japanisch-russische Krieg, der um Korea und die Mandschurei geführt wurde, durch einen Seesieg Japans über Rußland bei Tsushima entschieden und Japan erhielt Port Arthur.

Jährlich führten sich die Großmächte Flottenmanöver vor, 1905 landete Kaiser Wilhelm II. höchstpersönlich in Tanger, um gegen die französische Marokko-Politik zu protestieren. Zwischen 1902 und 1908 wurde der Hafen von Venezuela durch ausländische Schiffe blokkiert, 1906 begann mit dem britischen Linienschiff „Dreadnought“ eine neue Aera des Großkampfschiffbaus. Die „Dreadnought“ war 22.100 Tonnen groß. 1911 entsandte Deutschland das Kanonenboot „Panther“ nach Agadir und gab einen weiteren Beweis für die damalige „Kanonenbootpolitik“, ohne die der Imperialismus kaum machbar gewesen wäre.

Aber auch der Wettstreit um das Blaue Band im Nordatlantikverkehr zählte zum nationalen Prestige und wurde, wie das Geschehen auf dem Kriegsmarinesektor, von der Spielzeugindustrie im kleinen Maßstab reproduziert. Die großen Ozeandampfer und die Kanonenboote waren bei Franzosen, Engländern und Deutschen gleichermaßen beliebt.

„Die fortgesetzten Nachfragen nach Qualitätsschiffen mit Uhrwerk veranlaßten mich, diesen Artikel in meine Fabrikation aufzunehmen ... die Schiffsrümpfe wie die Ausstat-

135 Aus Schwaben nach England: Als H.M.S. Edward VII lieferte Märklin um 1905 dieses uhrwerkgetriebene, 52 cm lange Phantasiekriegsschiff. Der Schlüssel zum Aufziehen des Uhrwerks wurde in den Kamin gesteckt. Das Schiff wurde mit einem rollenden Blechuntersatz geliefert, der in der Bemalung Meereswellen vortäuscht. Von diesem Modell gab es außerdem eine 33 cm große Kleinversion und eine Variante für Dampfantrieb.

tung der Schiffe selbst sind anhand der neuesten Originalzeichnungen gefertigt, die Federwerke sind eigener, bester Konstruktion, und auf die Lackierung ist die größte Sorgfalt verwendet. Jedes Stück ist genau ausprobiert und für tadelloses Funktionieren wird volle Garantie gegeben." So kündigte die Nürnberger Firma Ernst Plank die Aufnahme von Schiffen in ihr Programm an. Als besondere Neuheit: „Nach den modernsten Originaltypen werden Panzerboote angeboten. Auch Kanonenboote finden aus aktuellem Anlaß ihren Platz im Programm – neben Ozeandampfern und einfachen Salon-Booten", die mit kräftiger Dampfmaschine angetrieben ein ideales und interessantes Spielzeug darstellten.

Bereits im Katalog von 1902 tauchen die ersten U-Boote auf: „Die Wirkung dieser Unterseeboote ist eine ganz überraschende: Mit einem kräftigen Uhrwerk versehen, schwimmen diese Boote kurze Zeit auf der Oberfläche des Wassers, tauchen plötzlich unter – eine Strecke unter Wasser schwimmend – und kommen ebenso geheimnisvoll wieder an die Oberfläche, um sofort von neuem unterzutauchen." Schon für 2 Mark konnte man ein solches 25 cm langes Unterwassergefährt erwerben, für 6 Mark erhielt man eine Luxusausführung in „feiner, moderner Ausstattung". Die größten U-Boot-Bauer waren die berühmten Firmen Bing und Märklin. Während die Bing-U-Boote nach wie vor an Jules Vernes „Zwanzigtausend Meilen unter dem Meer" erinnern, nahmen die Märklin-Boote ganz realistische Formen an.

Vor allem in den zwanziger Jahren sind die bis zu 79 cm langen Modelle Nachbildungen der neuesten Tech-

136 – 137 Im Katalog von 1902 als Neuheit angepriesen: Das Panzerschiff „nach dem neuesten Originaltyp“ von Ernst Plank aus Nürnberg. Das mit einem starken Federwerk betriebene Linienschiff ist 70 cm lang und kostete 90 Mark. Einen 40 cm langen „Aviso“ gab es schon für 15 Mark, ein 20 cm langes Kanonenboot mit zwei Masten, Kommandobrücke und vier drehbaren Kanonen mit solidem Uhrwerk schon für ein 30stel Bruchteil — für 3 Mark.

138 U-Boote als Blechspielzeug gab es kurz nach der Jahrhundertwende bei Bing seit 1902. „Man schraube den Verschlußkopf ab und ziehe das Uhrwerk vollständig auf, wobei die Schraube festzuhalten ist. Wenn dann der Verschluß fest aufgeschraubt ist, kann das Boot ins Wasser gesetzt werden. Soll nun das Boot abwechselnd tauchen und wieder an der Oberfläche erscheinen, so werden die Tauchflossen gerade gestellt, d. h. horizontal. Soll das Boot nur an der Oberfläche des Wassers schwimmen, so werden die Tauchflossen schräg gestellt. Wenn das Uhrwerk abgelaufen ist, wird das Boot immer an der Oberfläche des Wassers schwimmen und nicht untergehen“, ist in der Gebrauchsanleitung zu lesen.

Die Abbildung zeigt ein einfaches Bing U-Boot von 26 cm Länge. Das längste U-Boot maß 41 cm, das von Märklin 79 cm.

nik mit allen Schikanen: Kommandoturm, Periskop, Rettungsboot und Flakkanone. „Die Boote werden durch ein kräftiges Uhrwerk rasch vorwärtsbewegt und tauchen selbsttätig in regelmäßigen Abständen“, teilt der Katalog der Göppinger Firma mit, das 23 cm große Modell soll 2 Minuten in Bewegung sein, das 57 cm-Modell etwa 6 Minuten. Die größere Serie, unter der Nr. 5081 aufgeführt, hat sowohl an Bug wie Heck automatisch steuerbare Höhen- und Tiefenruder, die mit dem Uhrwerkantrieb gekoppelt sind. Den beweglichen Mechanismus der Höhenruder findet man nur bei der letz-

ten Serie, die von Sammlern besonders hoch bewertet wird.

Vor dem Ersten Weltkrieg nahmen Carette und einige französische Firmen ebenfalls am U-Boot-Boom teil. Die Franzosen operierten mit einem Modell, das nicht durch eine Schraube vorwärtsbewegt wurde, sondern mit chemischen Tabletten gefüllt auf- und abtauchte. Die Marke dieses „Jouet scientifique et mystérieux“: Clément et Cie, Paris. Das zweite, in Frankreich gebaute Modell regelte das Auf- und Abtauchen mit einem luftgefüllten Gummiball, den man von Hand betätigen mußte.

139 Frühes, dampfgetriebenes Schiff von Carette aus Nürnberg: Spiritusfeuerung, Dreiflügelschrauben, oszillierender Zylinder und lithographierte Bullaugen. Das 34 cm lange Boot ist mit seinem Originalkarton abgebildet. In England wurde dieses in Nürnberg gebaute Modell von der Bassett-Lowke Ltd. vertrieben. Im deutschen Katalog des Nürnberger Spielzeugbauers ist es als „feiner Schraubendampfer mit Messingkessel und Messingzylinder“ aufgeführt. In dieser Größe kostete die Dampfmaschine 3 Mark, in 45 cm Länge 3,80 Mark. „Dieselben, jedoch mit luftdichten Kammern versehen, um das Sinken zu vermeiden“, gab es als Varianten für 20 Pfennig bzw. 45 Pfennig Aufpreis. Als dritte Version gilt eine sogenannte Luxusausführung mit erhöhtem Rumpf und Sonnenverdeck.

Deutscher und französischer Stil im Schiffsbau

Die älteste Firma auf dem Gebiet des dampfbetriebenen Schiffbaus befand sich in Paris. Bauart und Gestaltung dieser „Radiguet“-Schiffe unterscheiden sich im Prinzip von den deutschen Blechschiffen.

Die Modelle waren aus Mahagoni, Messing, bemaltem Zinkblech und gegossenen Teilen zusammengesetzt und wirken nicht durch einen beabsichtigten Illusionismus, sondern durch die technische Präzision und Konstruktion. Auffälligstes Kennzeichen der Radiguet-Kreuzer ist der unter der Wasserlinie weit vorgezogene Bug, mit dem feindliche Schiffe gerammt werden konnten. Die schwarz-goldenen Kolosse mit dem mahagonifarbenen Deck und den blanken Dampfkesseln haben eine Länge von 60 bis 110 cm. Mit Bronzekanonen bestückt, die richtig feuern können, läuft der Antrieb über oszillierende Zylinder. Das Herz – die Dampfmaschine – ist liebevoll mittschiffs eingebettet und nicht durch illusionistische Aufbauten verdeckt, so daß selbst die formschönsten Modelle noch etwas von einem technischen Lehrspielzeug haben.

Tatsächlich fing mit solchem Lehrspielzeug 1850 die Geschichte der Firma an. Die ersten Auszeichnungen gewann man auf der Weltausstellung 1879. Seit 1900 firmierte man unter dem Namen „Radiguet & Massiot". Die Kessel aus Messing, die präzis gedrehten Ventile und Abstellhähne, die Einbettung der Maschine in einem mit Mahagoni verkleideten Deck formierten sich zu einem „Radiguet-Stil", der als Sonderform ins 19. Jahrhundert paßt.

Deutsche Produkte – auch mit Dampfbetrieb – gehen stilistisch und wirtschaftlich andere Wege. Die exportabhängige, deutsche Spielzeugindustrie stützte sich auf die Serienproduktion und bot im Schiffbau ein wesentlich breiteres Programm von einfachen Bötchen bis zum aufwendigen Ausstellungsstück.

Ganz einfach, aber formschön sind die Dampfboote von Schoenner, Plank und Carette (Abbildung Seite 120 und 122). Sie bestehen aus einem senkrecht angeordneten Dampfkessel, einer Dampfleitung zu einem oszillierenden Zylinder und einem sehr formschön gedrückten Blechrumpf. Diese schwimmenden Dampfmaschinen wurden dann, je nach Preisklasse, immer weiter verkleidet. Wurde ein Sonnendach aus gepreßtem Blech hinzugefügt, entstand ein kleiner Flußdampfer mit Kommandobrücke, Reling und zweitem Schornstein, ein sogenannter „Salon-Schraubendampfer". Ein langgezogener Rumpf mit Reling, Flakgeschütz, Torpedorohr und kurzem Kamin ergaben ein Torpedoboot. Schoenner brachte 1900 eines jener schnellen Kriegsschiffe mit zwei Dampfzylindern und Doppelschrauben in 96 cm Länge heraus.

Solche Boote mit Uhrwerk- und Dampfantrieb brachte auch Bing auf dem Markt. Im Katalog von 1904 wird das berühmte, japanische Boot „Kasuga" angeboten. Es hat einen vorprogrammierten Uhrwerkmechanismus, der das Boot vom Ufer wegfahren und auf halber Strecke um 90 Grad wenden läßt. Nach einer Salve von der Breitseite kehrt es zum Ausgangspunkt zurück.

Die Schiffe aus der Fabrikation von Bing in Nürnberg und Märklin in Göppingen stellen in mehrfacher Hinsicht einen Höhepunkt dar. Für Sammler ist es entscheidend, daß

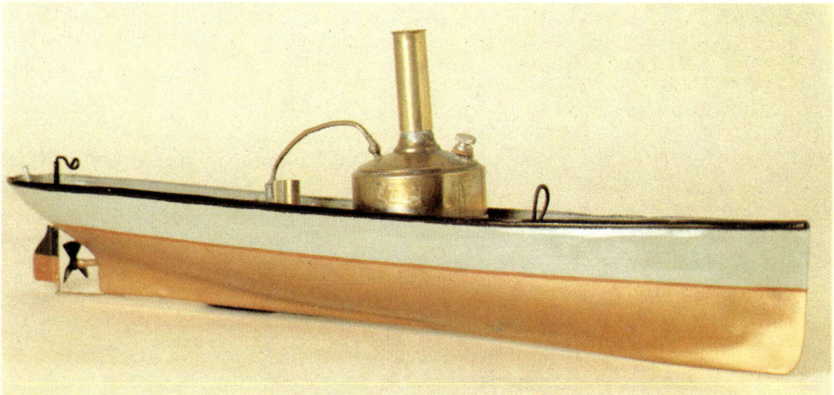

FRANKFURT

140 Ein Dampfboot als Bodenläufer, deutsch um 1900.

141 Barkasse vom Nürnberger Dampfmaschinenspezialisten Jean Schoenner. Angetrieben von einem oszillierenden Messingzylinder, der Rumpf ist original bronziert. Das Boot wurde im Katalog von 1902 unter der Nummer 135 geführt. Mit 50 cm gehörte es zur Größe 3, die Größe 2 maß 39 cm und die Größe 1 30 cm.

142 Dampfschiff mit Salon und überdachtem Deck. Wahrscheinlich entspricht das hier mit dem Namen „Frankfurt" getaufte Boot dem „Salon-Schraubendampfer", den Schoenner mit oszillierendem Messingzylinder und Messingkessel aus gezogenem Rohr mit Sicherheitsventil anbot. Weitere Eigenschaften: „Alle Armaturen fein vernickelt und poliert, das Schiff hochfein lackiert". Das Modell war in 4 Größen lieferbar von 30, 40, 60 und 72 cm, Baujahr um 1900.

143 Als Kriegsschiff reich ausgestattet, wirkungsvoll lackiert und mit starkem Uhrwerk versehen, bot die Nürnberger Firma Fleischmann (GFN) 1936 diesen Kreuzer an. Ähnliche Modelle gab es in 10 Größen von 16 bis 75 cm Länge. Das kleinste hatte nur eine Kommandobrükke, zwei Geschütztürme und einen Kamin, das größte hingegen Ankerwinde, seitliche Geschütze, vier Rettungsboote und große Kräne. Das hier gezeigte Modell ist das sechstgrößte und mißt 33 cm.

Bing- und Märklin-Schiffe keinesfalls luxuriöse Sonderanfertigungen sind, sondern optimale Serienmodelle. Optimal, weil sie eine ganz bestimmte, stilistische Entwicklung durchlaufen haben und in Katalogen nachweisbar sind, zum anderen, weil der serienmäßige Typus besonders gut ausgeprägt ist.

Der erfahrene Sammler schätzt garnicht so sehr das echte Modell, sondern vielmehr die Umsetzung durch den Spielzeugkonstrukteur, der Detaillierung der Aufbauten, Gestaltung der Rumpfform und ein eigenwilliges Proportionsgefühl in der Gesamtkomposition wirken lassen kann, das dem Spielzeug seinen unverkennbaren Ausdruck gibt. Hierin bewiesen beide Firmen, schon vom Eisenbahnbau her große Erfahrung. Ihre eigene Handschrift, ihr Stil prägt sich auch im Schiffbau deutlich aus.

Die Kriegsschiffe sind so zu schwimmenden Phantasiefestungen geworden, die nur im entferntesten an einen Originaltyp erinnern. In dieser freien Interpretation zeigt sich, daß die Spielzeugfabrikation ein Kind der Gründerzeit ist. In der Architektur dieser Jahre reflektierte man in Mietshäusern, Bahnhöfen und Banken auf romantische, zum Teil bombastische Weise alte Ritterburgen mit ihren Türmchen, Rund- und Spitzbogenfenstern. In ähnlich phantasievoller Weise umschreiben Kriegsschiffe schlicht die Mentalität der „Wehrhaftigkeit" und „Unbesiegbarkeit". Von genauen Modellen kann daher nicht die Rede sein, eher von einer allgemeinen Charakteristik.

So kann man sich erklären, daß jene Schiffe nur durch Austausch von Flaggen und Namen in Frankreich, England und Amerika so gut verkauft werden konnten wie in Deutschland. „Mit Aufschrift der bekanntesten Kriegsschiffe der Gegenwart" preist ein Nürnberger Katalog seine gepanzerten Festungen an. Ähnlich verfuhr man mit Yachten und Passagierdampfern.

Die Kaiseryacht „Hohenzollern" wurde für den amerikanischen Markt sogar mit zwei Geschütztürmen und Schaufelrädern auf

144 Als „neuen Panzerkreuzer" brachte Bing 1912 jene Kriegsschiffe mit vier Kaminen heraus. Das hier abgebildete ist das Kleinste von vier Modellen und mißt 45 cm. Die anderen waren 54, 65 und 95 cm groß. Die Farben des uhrwerkgetriebenen Schiffes: hell- und dunkelgrau sowie schwarz.

145 Schiffe von Märklin (Katalogreprint Baecker, Haas, Jeanmaire Bd. 5).

beiden Seiten ausgerüstet. Den „Kronprinz Wilhelm" hatte man in „Jupiter" umbenannt, aus den Rheindampfern „Rhein" und „Blitz" wurde für Übersee eine „New York" und „Boston", für den europäischen Markt eine „Amsterdam" und „Lord Kitchener". Aus Bings Kaiseryacht entstand für den französischen Export eine „France".

Wie die Großen um das Blaue Band wetteiferten, so versuchten auch Bing und Märklin, den schönsten Ozeandampfer zu schaffen. Als die Vier-Schornsteingiganten „Lusitania", „Mauretania", „Kronprinzessin Cecilie" und „Kaiser Wilhelm d. Große" zwischen der alten und neuen Welt verkehrten, boten die

deutschen Spielzeughersteller „Ozeandampfer, hochfein lackiert und reich ausgestattet nach den hochmodernen Typen“ bis zu einer Länge von 100 cm an.

Für diese Schiffe gab es drei verschiedene Antriebsarten:
1. Uhrwerk mit einer horizontal liegenden Feder und einer Übersetzung auf zwei Schrauben,
2. einen Magnetmotor, der von einem Batterieelement gespeist wurde,
3. Dampfbetrieb mit horizontalem Messingkessel, oszillierendem Zylinder und massivem Schwungrad.

Vor allem während der zwanziger Jahre wurde aus den anfänglich noch vorbildähnlichen Modellen immer mehr ein Typus, der in Größen von 18 cm bis zu 1 m angeboten wurde. Die meisten Ozeandampfer, die es in der Welt zu kaufen gab, stammten aus Nürnberger Fabriken, von Bing, Arnold und Fleischmann.

Sportliche Ertüchtigung auf dem Wasser, Seeschlachten und Atlantiküberquerungen konnten auch im Wohnzimmer stattfinden. Hierfür gab es Bodenläufer, Schiffsdarstellungen auf Rädern, bei denen man sich teilweise garnicht die Mühe gemacht hatte, die Räder zu verdecken. So ruderten vier Sportsmänner so schnell wie man sie über den Boden zog; ihre Arme waren

146 Als „Bäderdampfer“ führte der Nürnberger Spielwarenfabrikant Fleischmann in seinem Katalog dieses weißblaue Schiff mit Uhrwerkantrieb. 52 cm lang kostete es 1936 10 Mark. Gleichviel mußte man für einen Panzerkreuzer oder einen „Tankdampfer“ bezahlen. Passagierschiffe gab es von 1.10 bis 120 Mark entsprechend ihrer Länge von 16 bis 80 cm. Bei dem hier gezeigten Modell fehlt der hintere Mast. Die „GFN“-Marke ist im Dreieck auf dem Bug angebracht.
Bis Ende der fünfziger Jahre wurde diese Schiffserie im Katalog geführt.

147 „Stadt Luzern“ taufte Märklin dieses 36 cm lange Passagierschiff.

mit den Rädern des Bootes über eine Welle gekoppelt.

Statt der rudernden Sportsmänner bot man für den Export einen einfachen Aufbau aus Blech mit zwei rauchenden Schornsteinen an. So brachte die Nürnberger Firma Hess, für den Export bestimmt, das große Schlachtschiff „Dreadnought“ als Uhrwerk-Bodenroller heraus. Das

148 Ozeandampfer mit drei Schornsteinen und Uhrwerkantrieb, der auf die zwei Schrauben mittels Zahnrädern übersetzt ist. Das Modell stammt wahrscheinlich von Bing und wurde in den zwanziger Jahren gebaut. Die Nürnberger Firma bot jenen Schiffstyp in unterschiedlich reicher Ausstattung an. Drei Kamine gab es schon ab 22 cm — für den Sammler interessant sind erst die größer und reicher ausgestatteten Modelle. Das abgebildete Modell zählt zur „Mittelklasse“ und mißt 45 cm.

auf dem Boden rollende Schlachtschiff „St. Vinzent“ von Lehmann hatte wie die „Dreadnought“ exzentrisch eingebaute Räder, so daß beim Vorwärtsrollen Seegang simuliert werden konnte.

Besonders aufwendige Schiffe fürs Wohnzimmer nahm Märklin 1909 in sein Programm auf. „Durch exzentrische Lagerung der Schaufelräder wird die schaukelnde Bewegung schwimmender Schiffe dargestellt“, heißt es im Katalog. Einen 45 cm langen Raddampfer konnte man durch eine „festeinstellbare Steuerung zur Fahrt in beliebig großem Kreise oder auf geraden Strecken“ programmieren.

Wesentlich besser löste die Firma Plank diese Synthese aus Land- und Wasserfahrzeug. 1902 brachte sie eine Jules-Vernesche-Mischung heraus: „Das 25 cm lange Gefährt hat vier gepreßte Speichenräder, einen kajakförmigen Rumpf, es schwimmt im Wasser und fährt auf dem Lande in schnellem Tempo“.

Ihr Angebot an seetüchtigen Fahrzeugen in ihrem Katalog beschließt die Nürnberger Firma mit einer Kuriosität – einem 23,5 cm langen Hering. Der Silberfisch konnte, mit sehr gutem Uhrwerk ausgestattet, auf- und untertauchen. Damaliger Preis für das Silberfischchen: 3 Mark, 50 Pfennig. Im Versteigerungshaus Sotheby's bot ein Liebhaber 78 Jahre später für diese Rarität 190 Pfund – etwa 800 Mark!

149 Der Häuptling im Kanu: Feinlithographiertes Blechboot von 21 cm Länge (Kohnstam-Katalog 1928-30).

Informationen für den Sammler

Da Blechspielzeuge vornehmlich industriell gefertigte Markenartikel sind, haben die Hersteller meistens ihr Firmensignet angebracht, so daß man fast alle Objekte leicht bestimmen kann. Über die Geschichte dieser Markenartikel ist in den letzten Jahren vieles wieder zutage gekommen, weil Sammler nahezu alle Archive, die die Kriege überlebten, durchstöbert haben. Hier trugen hauptsächlich die alten Vertreterkataloge zur Klärung wichtiger Fragen bei und können heute als die beste und verläßlichste Bestimmungshilfe hinzugezogen werden. Jedoch Ausnahmen bilden auch hier die Regel. So findet man viele Spielzeuge abgebildet, aber ohne Hinweis auf den Fabrikanten, da die Großhändler darauf bedacht waren, ihr Sortiment möglichst neutral anzubieten. Aus Konkurrenzgründen durfte daher der Hersteller auf dem Spielzeug nicht durch ein Markenzeichen verraten werden.
Außerdem gibt es den Fall, daß Markenzeichen zwar bekannt sind, aber man immer noch den Urheber ermitteln muß. So handelt es sich zum Beispiel bei den Initialen „WK“ vermutlich um das Warenzeichen eines deutschen Fabrikanten der zwanziger Jahre. Ein Spielzeug mit diesem Zeichen haben wir auf Seite 70 abgebildet.

Die Liste der nachfolgend aufgeführten Spielzeugfabrikanten kann daher nicht den Anspruch auf Vollständigkeit erheben. Sie ist darauf bedacht, dem Sammler brauchbare Informationen zu liefern, indem sie die Firmengeschichte, das Signet und Hinweise auf weiterführende Literatur beinhaltet.

Selbst wenn inzwischen weitere Firmen recherchiert worden sind, haben wir hier versucht, die Geschichte und das Programm der wichtigsten Hersteller in knappen Umrissen vorzustellen.

Bedeutende Spielzeugfabrikanten: Firmengeschichte und Marken, Produktionsprogramm und Literaturhinweis.

Karl Arnold

Firmengeschichte:
1906 in Nürnberg zur Spielzeugherstellung gegründet. Nach schwerem Start Erfolg mit neuen Ideen: Mit pendelnd gelagerten Feuersteinen konnten die Blechspielzeuge von Arnold Funken sprühen. Ausbau des Sortiments in den zwanziger Jahren und Vergrößerung des Betriebes auf 250 Beschäftigte.

Katalog- und Literaturhinweis:
Ein reich illustrierter Katalog aus den zwanziger Jahren wurde in Farbe reproduziert in „Die Anderen Nürnberger“ Band 5. Er zeigt das oben aufgeführte Programm.

Heute stellt Arnold Modelleisenbahnen in Spur N = 9 mm her.

Produktionsprogramm:
Funkensprühende Walfische, Scherenschleifer, Feuerräder, Panzer, Lokomotiven und Feuerwehrautos sowie Schiffe und Boote.

Bassett-Lowke

Firmengeschichte:
Die Firma des „Begründers der Modelleisenbahn“ ging auf ein kleines Unternehmen zurück, das Dampfkessel und Gasmotoren baute. Wenman J. Bassett-Lowke fertigte bald Dampfkesselmodelle zum Bausatz für Hobby-Bastler und ging, angeregt durch die Produkte von Bing auf der Weltausstellung in Paris 1900, zum Eisenbahnmodellbau über. Er ließ von Bing und später von Carette Modelle ausführen, die er unter Beratung eines Ingenieurs, Henry Greenly, den deutschen Fabrikanten in Auftrag gab. Seit 1904 baute er auch sogenannte „Lilliputbahnen“, die als Großmodelle in Parks und Ausstellungen Personen befördern konnten. Nach dem Ersten Weltkrieg stärkte sich die Produktion in England, und man gründete Modellgeschäfte in mehreren englischen Städten. Mit dem Tod von Bassett-Lowke 1953 hörte die passionierte Modelleisenbahnproduktion auf.

Produktionsprogramm:
Lokomotiven und Wagen in hervorragender Ausführung (meist von Bing oder Carette in Nürnberg ausgeführt), später Modelle aus eigener Produktion.

Katalog- und Literaturhinweis:
Kataloge von Bassett-Lowke gab es ab 1901, zunächst mit eingeklebten Fotos, dann ab 1902 in größeren Auflagen gedruckt. Ein Bassett-Lowke-Buch mit dem Titel „Bassett-Lowke Railways“ bringt Katalogauszüge und wichtige Informationen über diesen bedeutenden Modellbaupionier.
(Hrsg. von B.-L. London SW3, 19 Cadogan Street)

Verschiedene Blechspielzeuge aus dem Katalog von Georg Levy, Nürnberg. (Reprint des Levy-Kataloges in „Die Anderen Nürnberger" Band 3)

Gebr. Bing

Das „GBN"-Zeichen, wie es bis zum Ersten Weltkrieg benutzt wurde

Das Zeichen der Bing-Werke, wie es zwischen 1917 und 1932 verwendet wurde

Katalog- und Literaturhinweis:
Das Urheberrecht und das Benutzungsrecht auf den Namen Bing hat der Schweizer Verlag „Eisenbahn" in Villigen erworben und sich seither mit der Edition von Katalogen sowie firmengeschichtlichen Überblicken beschäftigt.
Bisher sind erschienen:
Claude Jeanmaire „Die großen Spurweiten" Basel 1969
Claude Jeanmaire „Bing, die Modellbahn unserer Großväter" Villigen 1972
Claude Jeanmaire „Gebrüder Bing, die großen Nürnberger" Villigen 1974
Claude Jeanmaire „Gebrüder Bing, Spielzeug zur Vorkriegszeit 1912–14" Villigen 1977
Firmenkataloge sind bekannt aus den Jahren 1901–04/08/09, 1912–15, um 1920/25, 1927–32.
Sie sind in oben aufgeführten Titeln auszugsweise publiziert.

Firmengeschichte:
Schon 1879 stellte die 1866 gegründete Nürnberger Firma als „Nürnberger Spielwarenfabrik Gebrüder Bing" erfolgreich Eisenbahnen her. 1895 erfolgte die Umwandlung in eine Aktiengesellschaft. 1908 stellt sich die Firma als die „größte Spielwarenfabrik der Welt" vor und erzielte vor dem Ersten Weltkrieg eine Beschäftigtenzahl von 5.000.

Neben Spielwaren produzierten sie auch Haushaltsartikel und erreichten 1928 einen Jahresumsatz von über 27 Millionen Mark. Der Konkurs einer in Amerika aufgebauten Tochterfirma führte zur Einstellung der Spielzeugfabrikation in Nürnberg Anfang der dreißiger Jahre. Die Lagerbestände und Werkzeugausrüstung wurden an Nürnberger Hersteller (Bub, Kraus und Fleischmann) weitergegeben.

Produktionsprogramm:
Eisenbahnen in allen Spuren, Automobile, Schiffe mit sämtlichen Antriebsarten. Für die engliche Firma Bassett-Lowke hat Bing sehr viele Lokomotiven nach englischen Vorbildern hergestellt.

Bonnet & Cie.

Firmengeschichte:
Bekannt wurde diese Pariser Firma, als sie die gesamte Produktion des berühmten Spielzeugkönigs Fernand Martin nach dessen Tod Anfang der zwanziger Jahre übernahm. Victor Bonnet produzierte die gängigsten Martin-Spielzeuge weiter, hatte aber auch eigene Patente im Programm.

Produktionsprogramm:
Nach 1919 wurden Fernand-Martin-Produkte hergestellt, beispielweise die rollende Taube, aber auch eigene Modelle wie den Musikclown und Blechautos.

Karl Bub

Firmengeschichte:
Altes Nürnberger Unternehmen, das bereits 1851 gegründet wurde und sehr früh lackierte Blechspielwaren mit und ohne Uhrwerk herstellte. Schwerpunkte der Fabrikation waren Uhrwerk-Eisenbahnen, ab 1914 auch elektrische. Teilweise wurde mit Carette zusammen produziert. Nach der Schließung von Carette 1917 bot Bub noch einige Carette-Produkte an. Ab 1933 produzierte Bub sogar einige Bing-Modelle mit den Originalwerkzeugausrüstungen. In den dreißiger Jahren eröffnete man ein Zweigwerk in England, nach 1945 bis 1960 jedoch lief die Produktion von Eisenbahnen in kleinen Spurweiten ziemlich glücklos.

Produktionsprogramm:
Billigeisenbahnen, uhrwerkgetriebene und elektrische Eisenbahnen, Eisenbahnausstattungsstücke, sogenannte Tischbahnen und Automobile, elektrisch und mit Uhrwerk. In den dreißiger Jahren versuchte man sich auch im sogenannten „Reichsbahnstil".

Katalog- und Literaturhinweis:
Der KBN-Katalog von 1927 ist mit allen 60 Seiten komplett reproduziert in „Die Anderen Nürnberger" Band 1, ebenso der Katalog von 1928 (75 Seiten) und von 1931 (73 Seiten).
Die Kataloge von 1935 und 1937 sind in „Die Anderen Nürnberger" Band 5 vollständig wiedergegeben.

Georges Carette

Das alte Markenzeichen von Carette

Das Markenzeichen von 1905–17

Firmengeschichte:
Als ein Nürnberger Hopfenhändler mit einem Pariser Fotografen namens Carette Freundschaft schloß, fand der Sohn Georges Aufnahme in die Nürnberger Familie. Der ingenieuse Georges gründete mit Kapitalhilfe des väterlichen Freundes 1866 eine Spielzeugfabrikation. Vom Unterlieferanten für Bing machte sich Carette durch seine Ideen bald selbstständig und stellte 1893 in Chicago auf der Columbia World Fair aus. Da Carette französischer Staatsbürger blieb, bekam er im Ersten Weltkrieg Schwierigkeiten und verließ über die Schweiz das Land. In den zwanziger Jahren starb der geniale Spielzeugmacher in Frankreich.

Katalog- und Literaturhinweis:
Undatierte Kataloge der Jahrhundertwende wurden im Reprint wiedergegeben in „Die Anderen Nürnberger“ Band 1 (insgesamt 63 Seiten). Die Kataloge von 1905-14 (insgesamt 59 Seiten) sind im Faksimile wiedergegeben in „Die Anderen Nürnberger“ Band 5.
Im Reprint ist der Katalog von 1911 erschienen unter dem Titel "The Great Toys of Georges Carette", New Cavendish Books, London 1976

Produktionsprogramm:
Elektrische Straßenbahnen, Eisenbahnen mit Zubehör in den Suren 0, I, II und III, kleine und große Schiffe für Uhrwerk- und Dampfantrieb, Automobile und Doppelstockomnibusse. Carette stellte Meisterwerke für den Engländer Bassett-Lowke her: Lokomotiven nach englischem Vorbild sowie hervorragend lithographierte Wagen der englischen Bahnen.

Depeschenboot „Sleipner“.

(Naturgetreue Nachbildung des Originalmodells.)

Begleitschiff Seiner Majestät des Deutschen Kaisers.

Hochfeine Lackierung und elegante Ausführung, Kommandobrücke mit Aussichtsturm, 2 Masten, Rettungsbooten, Schnellfeuerkanonen, Anker,
No. **737/5 1/2**
50 cm lang
Stück M. **10.50**

737/5½

724/1

724/4

Vergnügungs-Yachten.

Mit sehr solidem Uhrwerk, fein lackiert mit Promenadedeck.

No. **724/1**	18 cm lang	Stück M.	**1.05**
— **724/2**	21 — —	— —	**1.50**
— **724/3**	24 — —	— —	**2.10**
— **724/4**	28 — —	— —	**3.—**
— **724/5**	32 — —	— —	**4.20**

718/00—3

Unterseeboote

mit sehr solidem Uhrwerk, feiner Lackierung,
bis zur Luftkammer unter Wasser schwimmend, sehr originell!

No. **718/00**	20 cm lang,	Stück M.	**1.05**
— **718/0**	23 — —	— —	**1.50**
— **718/1**	25 — —	— —	**2.25**
— **718/2**	29 — —	— —	**3.30**
— **718/3**	33 — —	— —	**4.50**

8/1—2 8 B 8 C 8 A

Schiffsanker

No. **8/1** Guß, 2 1/2 cm hoch, Dtzd. M. **—.24**

No. **8/2** Guß, 5 cm hoch, Dtzd. M. **—.45**

Flaggen

feine Ausführung, in verschied. Nationalitäten,

No. **8 A**	**Flagge**, 9 cm lang,	Dtz. M.	**1.44**
— **8 B**	**Flagge**, 7 — —	— —	**1.26**
— **8 C**	**Wimpel**, 6 — —	— —	**—.36**

Depeschenboot, Vergnügungsyachten und Unterseeboot aus dem Katalog von Georges Carette & Cie., Nürnberg 1905 bis 1914.
(Reprint des Carette-Kataloges in „Die Anderen Nürnberger“ Band 5)

André Citroën

Firmengeschichte:
Die berühmte, französische Automobilfirma hat zu Werbezwecken kleine Automodelle hergestellt. Seit 1923 brachte man die Miniatur-Citroëns (ca. 40 cm) aus Blech auf den Markt und verkaufte, auf dem Höhepunkt dieser Modewelle im Jahre 1933, über 850.000 Stück.

Produktionsprogramm:
Citroën-Modelle als C3-Tourenwagen, B2-Taxi, B2-Torpedo, C6-Cabriolet und Limousine, Baukasten mit C6-Fahrgestell sowie ein großes Angebot an Nutzfahrzeugen (Feuerwehren, kippbare Lastwagen und Straßensprengwagen).

Katalog- und Literaturhinweis:
David Pressland hat in seinem Buch „Kunst des Blechspielzeugs" ausführlich auf das Citroën-Programm hingewiesen und zeitgenössische Quellen zitiert.

Distler KG

„JDN" und die Weltkugel ist das häufigst verwendete Firmenzeichen des Nürnberger Herstellers. Frühe Produkte sind oft symbolisch, aber auch mit einer kleinen Distel und den Initialen „JD" für Johann Distler gekennzeichnet.

Firmengeschichte:
Gegründet vor 1900 als „Metallwarenfabrik Johann Distler KG". Vor dem Ersten Weltkrieg stellte man mit etwa vierzig bis fünfzig Mitarbeitern vor allem kleine Spielsachen her, in den dreißiger Jahren wuchs die Firma auf 120 Mitarbeiter und bot über 800 verschiedene Artikel an.
Distler-Spielsachen gab es auch noch nach 1945 bis 1962.

Produktionsprogramm:
Billige Eisenbahnen auf Schienen, Eisenbahn-Accessoires, Miniaturbahnen, Bodenläufer mit und ohne Uhrwerk, Garagen, mechanische Qualitätsautos, Feuerwehren, Lastautos, Automobile mit elektrischem Antrieb, mechanische Figuren, Scherzfiguren, Flugzeuge, Schaukeln und Phantasiegefährte aus bunt lithographiertem Blech.

Katalog- und Literaturhinweis:
Ein hundert Seiten starker Firmenkatalog mit sehr schönen Abbildungen ist komplett im Faksimile reproduziert in „Die Anderen Nürnberger" Band 1

Doll & Cie

Das „DC"-Warenzeichen

Firmengeschichte:
Von einem Klempner und einem Kaufmann 1898 gegründet, stellte man Dampfmaschinen und Betriebsmodelle her. 1930 beschäftigte man 150 Arbeiter. Die Firma wurde, um einer Enteignung zu entgehen, in den dreißiger Jahren von Fleischmann übernommen, produzierte aber weiter unter dem alten Warenzeichen.

Produktionsprogramm:
Einfache bis höchst komplizierte Dampfmaschinen, Lokomobile, Dampfwalzen und hervorragende, einzeln verkäufliche Zylinder sowie alle dazugehörigen Betriebsmodelle bis zu aufwendigen Jahrmarktsrädern, Mühlen und Fahrstühle gehörten zum Programm. In den frühen dreißiger Jahren ging man dazu über, Eisenbahnzüge für elektrischen Betrieb in der Spur 0 = 35 mm herzustellen.

Katalog- und Literaturhinweis:
Der 95 Seiten starke Katalog mit einem Programm von Dampfmaschinen, Antriebsmodellen und elektrischen Eisenbahnen ist komplett reproduziert in „Die Anderen Nürnberger" Band 1.

Gebr. Einfalt

Das Warenzeichen „Technofix", das von Gebr. Einfalt seit Mitte der dreißiger Jahre verwendet wurde

Firmengeschichte:
Gründung 1922 durch Georg und Johann Einfalt in Nürnberg als „Mechanische Blechspielwarenfabrik". Mit 120 Arbeitern produzierte man für Nürnberger Großhändler und Exporteure. Die Firma besteht heute noch.

Produktionsprogramm:
Laufende Tiere, Kletteraffen, boxendes Känguruh, Motorradfahrer, Miniaturboxer, Krokodil mit Negerjunge, kämpfende Indianer, Feuerwehren, kleine Fahrzeuge wie Rennautos, Lastwagen und Omnibusse.

Katalog- und Literaturhinweis:
Der sehr amüsante Katalog aus den Jahren 1930–33 wurde in „Die Anderen Nürnberger" Band 4 vollständig abgedruckt.

J. Falk

Das Firmenzeichen von J. Falk mit einem Nürnberger Stadttor zwischen den Initialen „J. F."

Firmengeschichte:
Wie nah das Schicksal mancher Nürnberger Firmen miteinander verbunden war, zeigt der Firmenname J. Falk. Gustav Reder vermutet, daß Falk zunächst Vertreter bei Carette war, dann eine eigene Firma gegründet hat und möglicherweise die Schoenner-Fabrikation übernahm. Um einer Enteignung in den dreißiger Jahren zu entgehen, wurde die Falksche Fabrikation vom Inhaber der Firma E. Plank aufgekauft.

Produktionsprogramm:
Falk produzierte sehr solide Kinematographen, Modelldampfmaschinen, Betriebsmodelle für Dampfmaschinen und, bis in die zwanziger Jahre, eine Storchbeinlokomotive in Spur 0 und I, kleinere Uhrwerkschiffe und ein Unterseeboot.

Katalog- und Literaturhinweis:
Ein 60seitiger Originalkatalog des Nürnberger Herstellers ist komplett abgedruckt in „Die Anderen Nürnberger" Band 2.

Gebr. Fleischmann

Die „GFN"-Marke im Dreieck kennzeichnet die Spielzeuge vor dem zweiten Weltkrieg

Firmengeschichte:
1887 in Nürnberg gegründet, stellte man zunächst Spielzeug-Schwimmtiere und Blechschiffe her. Um die Jahrhundertwende produzierte man im Auftrag des „Norddeutschen Lloyd" maßstabsgetreue Ausstellungsmodelle der großen Ozeanriesen. In den dreißiger Jahren hatte man 250 Beschäftigte und übernahm die Firma Doll und damit das Know-how für die Herstellung elektrischer Eisenbahnen.

Zur Weltfirma wurde das Unternehmen erst nach dem zweiten Weltkrieg mit dem berühmten HO-Eisenbahnprogramm.

Produktionsprogramm:
In den zwanziger und dreißiger Jahren: Uhrwerkschiffe (U-Boote, Passagierdampfer, Kriegsschiffe, Schleppkähne), Flugzeuge und ein Taucher.

Katalog- und Literaturhinweis:
Der vollständige Katalog aus dem Jahre 1936 ist in „Die Anderen Nürnberger" Band 2 reproduziert.

S. Günthermann

„SG" für Siegfried Günthermann und „AW" für den späteren Inhaber Adolf Weigel stehen seit 1880 bis 1920 im Firmensignet. Nach 1920 ging man zurück auf die alte Firmenmarke „SG", nach 1945 auf SG mit dem Zusatz „made in US-Zone Germany".

Katalog- und Literaturhinweis:
Eine Festschrift zum 25jährigen Bestehen von 1902 gibt Aufschluß über den Alltag und die Produktionsweise einer deutschen Spielwarenfabrik. Sie ist komplett mit zahlreichen Abbildungen der Fabrikanlagen abgedruckt in „Die Anderen Nürnberger" Band 2. Ein Katalog von 1938 sowie ein Nachkriegskatalog von 1957 wurden ebenfalls dort reproduziert.

Firmengeschichte:
1877 als Einmannbetrieb in Nürnberg gegründet, wuchs die Firma rasch und hatte bereits um die Jahrhundertwende 250 Mitarbeiter. Günthermann war auf dem Weltmarkt für seine qualitätvollen und schön gestalteten Artikel bekannt und exportierte bis zum Ersten Weltkrieg rund 75 Prozent nach Amerika. Nach England erfolgte der Export über Grossisten wie die Firma Kohnstam. Als der Firmengründer im Alter von 39 Jahren 1889 starb, heiratete die Witwe den Kaufmann Adolf Weigel, der den Betrieb nach neuesten Gesichtspunkten ausbaute und modernisierte. Auch in den zwanziger Jahren, nach Weigels Tod, war die Firma erfolgreich und mußte erst 1960 aufgegeben werden, als kein geeigneter Nachfolger vorhanden war.

Produktionsprogramm:
In der Frühzeit: Kleine Jockeyreiter, Badezimmereinrichtungen aus Blech, Feuerwehren, Bodenroller-Lokomotiven, Musikclowns, kuriose Gefährte, sehr attraktive Motorkutschen, alles meist handbemalt. Die Produktion der dreißiger Jahre hingegen war lithographiert und umfaßte Flugzeuge, Straßenbahnen, Kanonen und Geschütze, Omnibusse und Rennwagen.

Emil Hausmann

Firmengeschichte:
Das Titelblatt eines Kataloges aus dem Jahre 1928 zeigt die Nürnberger Firma Emil Hausmann in der Denisstraße in einer dreistöckigen Fabrikanlage mit ausgebauten Mansardendächern. Auf dem Hof stapeln sich Kisten für den Export.

Produktionsprogramm:
„Eha Toys“ waren einfache Eisenbahnen, Dampfmaschinen, Antriebsmodelle, Motorradfahrer, einfache Blechschiffe, kleine Flugzeuge, Automobile und Feuerwehren. Die billigen Blechmodelle wurden von Großhändlern ins Ausland exportiert.

Katalog- und Literaturhinweis:
Ein Exportkatalog aus dem Jahre 1928 ist mit dem kompletten Produktionsprogramm in „Die Anderen Nürnberger“ Band 4 publiziert.

Hess

Die Firmenmarke ist bei den Hess-Spielzeugen fast immer aufgedruckt

Firmengeschichte:
1826 wurde die Firma von Mathias Hess als eine der ältesten Nürnberger Spielwarenfabriken gegründet. Hess produzierte sehr früh in der neuen Technik des Blechdrucks zu Billigpreisen. Sein Sohn John Leohnard Hess ließ einen Schwungradantrieb für seine Automobile patentieren und wurde dadurch berühmt. In den dreißiger Jahren wurde die Produktion ganz eingestellt. Viele Hess-Spielzeuge wurden von Grossisten vertrieben.

Produktionsprogramm:
Außer den berühmten „Hessmobilen“ — kleine Blechautos mit Schwungradantrieb — wurden auch Antriebsmodelle, kleine Traktoren und Boote als Bodenläufer fabriziert.

Katalog- und Literaturhinweis:
In Band 6 „Die Anderen Nürnberger“ wird die Firma Hess ausführlich berücksichtigt.

Automobile mit Uhrwerkantrieb aus dem Katalog des Grossisten Moses Kohnstam (Moko) von 1928 bis 1930.
(Reprint des gesamten Kataloges in „Die Anderen Nürnberger" Band 5)
Diese Modelle stammen von verschiedenen, deutschen Herstellern.

Hornby (Meccano)

Firmengeschichte:
Der bedeutende Spielzeughersteller Hornby begann als Laie. Aus einem Spielzeug, das er für seine Kinder bastelte, entwickelte sich die Idee zu den berühmten Metallbaukästen mit gelochten Streifen, für die Hornby 1901 in England ein Patent anmeldete. Wenige Jahre später entstand in Liverpool das erste, große Werk mit einem Zweigbetrieb in Berlin. Durch die Wirren des Ersten Weltkriegs kamen die Rechte an diesem Baukastensystem zu Märklin. Noch heute existiert die „Meccano Ltd.", allerdings mit anderem Firmenmantel.

Produktionsprogramm:
Meccano-Baukästen, Auto- und Flugzeugbausätze, Eisenbahnen Spur 0, seit 1938 auch Spur 00.
In den dreißiger Jahren erlangte man Welterfolg mit den „Dinky Toys".

Katalog- und Literaturhinweis:
Über die „Dinky Toys" gibt es ausführliche Sammelliteratur in England. Sie stellen ein Spezialgebiet dar und zählen nicht zum Blechspielzeug.

J.A. Issmayer

Diese Marke findet man meist im Relief ins Blech geprägt.

Firmengeschichte:
Hinter diesem Namen verbirgt sich prominente Nürnberger Spielzeuggeschichte. Schon zur Biedermeierzeit gab es Issmayer-Blechspielzeug. 1861 gründete dann der Sohn Johann Andreas eine neue Fabrik. Als Erster brachte er mechanisch betriebene, handbemalte Blechspielzeuge heraus, die typisch für den Nürnberger Stil waren. (Vergleiche Abbildung 94) 1879 machte er wiederum auf sich aufmerksam durch Eisenbahnzüge, die, von einem Uhrwerk angetrieben, auf Schienen liefen. Ende des Jahrhunderts beschäftigte er 150 Mitarbeiter und bediente sich bereits der moder-

Katalog- und Literaturhinweis:
Der bereits in Lithographietechnik hergestellte Katalog vom Ende des vorigen Jahrhunderts wurde bisher nicht reproduziert. Die Eisenbahnen von Issmayer sind mit vielen Fotos in Band 3 „Die Anderen Nürnberger“ abgebildet.

nen Lithographie zur Bedruckung des Bleches. In den dreißiger Jahren hörte die Firma auf zu bestehen.

Produktionsprogramm:
Mechanische Blechfiguren sowie lithographierte Eisenbahnen und Bahnhöfe.

J. E. P.

Firmengeschichte:
Eine Pariser Firma, die 1899 ursprünglich als „Société Industrielle de Ferblanterie“ gegründet, dann aber schlicht in „Pariser Spielzeug – Jouets de Paris“ umbenannt wurde. Von den dreißiger Jahren bis 1965 sind die Spielzeuge dieses Herstellers mit „JEP“ bezeichnet – die Abkürzung von „Jouets en Paris“.

Produktionsprogramm:
Eine Pariser Autobusserie in grün-weiß, zahlreiche Automobile, unter anderem ein Rolls Royce und ein Hispano Suiza.

Moses Kohnstam (MOKO)

Firmengeschichte:
Einer der größten Spielwarengroßhändler seiner Zeit. Um 1875 wurde die Firma in Fürth bei Nürnberg gegründet. Sie belieferte ganz Europa mit der in Nürnberg produzierten Ware und publizierte sie in umfassenden Händlerkatalogen. Zweigstellen in London, Italien und Belgien vor dem Ersten Weltkrieg demonstrieren die Macht des Spielzeugkönigs. Nachfolger des Firmengründers waren beteiligt, als in England die

„Match Box Toys" produziert wurden und als die Londoner Ladenkette „Beatties" mit allen früheren Bassett-Lowke-Einzelhandelsgesellschaften von Richard Kohnstam übernommen wurde.

Katalog- und Literaturhinweis:
Der 200 Seiten starke Katalog von 1928/30 ist im Reprint publiziert in „Die Anderen Nürnberger" Band 5. Leider gibt dieser Katalog bei der phantastischen Modellauswahl keine Hinweise auf die Hersteller.

Produktionsprogramm:
Zum Vertriebsprogramm dieser Firma gehörte alles — vom billigen Penny Toy bis zum handbemalten Superkriegsschiff. Lieferanten waren Günthermann, Mangold, Tipp, Distler, Hess, Schuhmann und viele andere.

Kraus & Co.

Firmengeschichte:
Eine Nürnberger Gründung von 1910. Gustav Reder konnte das Geheimnis des Namens „Fandor", der ebenfalls im Firmensignet auftaucht, klären. „Fandor" setzt sich aus den Vornamen der Mutter Fanny Kraus und seiner Tante Dora zusammen. Nach 1933 ging die Firma J. Kraus & Co. in andere Hände über und wurde im Zweiten Weltkrieg zerstört.

Katalog- und Literaturhinweis:
Die Kataloge der Jahre 1930–38 sind auf 173 Seiten in „Die Anderen Nürnberger" Band 2 reproduziert.

Produktionsprogramm:
Eisenbahnen mit Uhrwerk- und Elektroantrieb in den Spuren 0 und I sowie Bahnhöfe, Brücken und Tunnels.

Dekorierte Blechspielwaren — ***Decorated Tin Toys*** — **Juguetes de lata decorada**

Sortiment / *Assortment* / Surtido } 5642

12 Modelle, sortiert wie untenstehend, Mindestpackung 1 Gross
12 kinds assorted as below, smallest available quantity 1 gross
12 modelos surtidos como los presentes. Cantidad mínima 1 gruesa

5643

5644

5645

5646

5647

5648

5649

5650

5651

5652

5653

5654

Jede Nummer kann auch einzeln geliefert werden
Mindestmenge 1/6 Gross

Each number can also be supplied separately
Smallest available quantity 1/6 gross

Cada número se sirve también separadamente
Cantidad mínima 1/6 gruesa

Penny Toys aus dem Katalog der Firma Moses Kohnstam von 1928 bis 1930.
(Reprint des gesamten Kataloges in „Die Anderen Nürnberger" Band 5)

Ernst Paul Lehmann

Firmengeschichte:
Heute gilt die 1881 in Brandenburg an der Havel (bei Berlin) gegründete Patent-Spielzeugfabrik als prominentester Spielzeughersteller der damaligen Zeit. Das Meiste der Produktion wurde ins Ausland exportiert, für Erfindungen internationale Patente angemeldet. Nach Einbrüchen im Export kam nach den zwanziger Jahren wieder ein Aufschwung, so daß Ende der zwanziger Jahre 800 Leute bei Lehmann beschäftigt waren. Nach dem Zweiten Weltkrieg wurde die Brandenburger Fabrik zum „volkseigenen Betrieb", während ein ehemaliger Firmeninhaber in Nürnberg die Spielzeugproduktion mit Erfolg wieder aufnahm.

Katalog- und Literaturhinweis:
Reprints der Verpackungen sowie einige Betriebsanleitungen, Auszüge aus Exportkatalogen in drei Sprachen sind auf mehr als 70 Seiten in „Die Anderen Nürnberger" Band 2 veröffentlicht. Zum hundertjährigen Bestehen der Firma 1981 ist eine Festschrift in Vorbereitung.

Produktionsprogramm:
Patentspielzeuge mit Schwungrad und Uhrwerkantrieb wie: Autos, Gefährte, Figuren, Zweiräder, Zeppeline, Skifahrer, bodenrollende Schiffe, Käfer, Haustiere und ein Seehund. In den dreißiger Jahren produzierte man eine neue Serie kleiner, kompakter Spielzeuge unter der Bezeichnung „Ikarus" und „Gnom".

Georg Levy

Firmengeschichte:
Levy war ursprünglich Teilhaber der Firma Hubert Kienberger (Kico), machte sich dann aber 1910 selbständig. Durch den Ersten Weltkrieg fand seine Firma erst in den zwanziger Jahren ihren Weg. 1934 mußte Levy sein Geschäft verkaufen und wanderte nach England aus.

Levy wählte die doppelten Billardspieler als Warenzeichen und produzierte dieses Motiv auch als Blechspielzeug.

Lehmanns Spielzeugschachteln
(Reprint der Lehmann-Kataloge in „Die Anderen Nürnberger" Band 2)

Katalog- und Literaturhinweis:
Ein 10seitiger Katalog von Levy mit vielen Beispielen ist in Band 3 „Die Anderen Nürnberger“ veröffentlicht.

Produktionsprogramm:
Bodenrollende Eisenbahnen und Blechflugzeuge, Ruderboote, Automobile und Motorräder sowie die berühmten doppelten Billardspieler (eine Variante zu dem einfachen Spieler seines Ex-Partners Hubert Kienberger, Abbildung 1).

Gebr. Märklin

Frühe, gestempelte Marke

Aufgedruckte Marke

Firmengeschichte:
Märklin hat in der Firmengeschichte inzwischen seinen Mythos. 1859 in dem schwäbischen Göppingen gegründet, stellte man zunächst kleine Küchenutensilien für Puppenstuben her.

1888 übernahmen die Söhne von Theodor Friedrich Wilhelm Märklin die Firma, die alsbald die Firmierung „Gebrüder Märklin & Co“ trug. Seit den frühen neunziger Jahren wurden Blechschiffe, Eisenbahnen und Fuhrwerke hergestellt. Schon vor der Jahrhundertwende produzierte man in einer 6.000 qm großen Fabrik und zählte vor dem Ersten Weltkrieg 600 Betriebsangehörige. Märklin exportierte sehr früh seine Qualitätsspielwaren nach Amerika, England und Frankreich.
Heute ist Märklin einer der größten Spielwarenhersteller der Welt.

Produktionsprogramm:
Seit 1891 Uhrwerk-Eisenbahnen auf Schienen, große Schiffe mit Dampf- und Uhrwerkantrieb, Kutschen und Automobile. Das Programm paßte sich stets der sich wandelnden Technik an. So kann man die Schiffe und Eisenbahnen nach Jahrzehnten gut einordnen. Hilfsmittel dazu sind auch die Kataloge, die das gesamte Märklinprogramm dokumentieren.

Katalog- und Literaturhinweis:
Die Herausgeber Carlernst Baecker, Dieter Haas und Claude Jeanmaire haben es sich zur Aufgabe gemacht, das Produktionsprogramm von Märklin in zehn Bänden komplett zu reproduzieren:

Band 1 Märklin — Anfang bis Jahrhundertwende, 1859–1902
Band 2 Märklin — zur Kaiserzeit, bis 1908
Band 3 Märklin — die Spielzeugeisenbahn 1891–1915
Band 4 Märklin — neue Wege zum Erfolg, bis 1912
Band 5 Märklin — Das internationale Programm bis 1915
Band 6 Märklin — neue Horizonte, 1919–1921
Band 7 Märklin — die goldenen zwanziger Jahre, 1922–1929
Band 8 Märklin — der Weg zur Modelleisenbahn, 1915–1945
Band 9 Märklin — die große Wende, 1930–1940 (ergibt 3 Bände 9, 11 und 12)
Band 10 Märklin — die Miniaturbahn 00 - HO

Der deutsche Vertrieb dieser sorgfältig zusammengestellten Dokumentation:
Hobby-Haas, Braubachstraße 36,
D-6000 Frankfurt

Der internationale Vertrieb:
Verlag Eisenbahn, Gut Vorhard,
CH-5234 Villigen, Schweiz

Fernand Martin

Firmengeschichte:
Unter dem Namen Fernand Martin firmierte das wohl legendärste Unternehmen der Spielzeuggeschichte. Der aus Amiens stammende Spielzeugerfinder gründete 1878 in Paris seine erste Firma, die es bald auf ca. 800.000 mechanische Spielzeuge pro Jahr brachte. Kurz bevor er 1919 starb, stiftete er (noch vor dem Ersten Weltkrieg) dem Pariser „Musée des Arts et Métier“ von jedem seiner Patent-Spielzeuge je ein Modell. Die Sammlung ist heute noch öffentlich ausgestellt.

Produktionsprogramm:
Figuren aus dem täglichen Leben mit Uhrwerkmechanismus und Stoffkleidung, mechanische Figuren aus Blech mit Gummibandantrieb, bewegliche Tiere, Kutschen aller Art und die „Boule misterieuse“ — eine der gewagtesten Zirkusattraktionen der Jahrhundertwende.

Katalog- und Literaturhinweis:
Eine chronologische Liste der Fernand-Martin-Spielzeuge hat Mary Hillier in ihrem Buch „Automata & Mechanical Toys“, London 1976, publiziert. Diese Liste dürfte identisch sein mit der Inventarisierung durch das Pariser Museum und gibt Hinweise auf die Datierung der zahlreichen Fernand-Martin-Spielzeuge.

Mettoy Co. Ltd.

Firmengeschichte:
Gegründet Anfang der dreißiger Jahre von dem deutschen Emigranten Henry Ullmann, der Hauptinhaber der Nürnberger Firma Tipp & Co. war.

Produktionsprogramm:
Da Ullmann das Know-how und Styling von Tipp nach England mitbrachte, ähneln die Blechspielzeuge in Konstruktion und Auffassung stark dem Nürnberger Programm von Tipp & Co. Hauptsächlich wurden Limousinen und Flugzeuge hergestellt.

Katalog- und Literaturhinweis:
siehe Tipp & Co.

Ernst Plank

Das Plank-Markenzeichen mit dem geflügelten Rad

Firmengeschichte:
1866 gegründete Nürnberger Firma für optische und mechanische Waren. Schon ein Jahr später wurde die erste Dampfmaschine aus dieser Werkstatt in Serie aufgelegt. Pro Jahr steigerte sich die Produktion bis zur Jahrhundertwende auf 80.000 Dampfmaschinen. Hinzu kamen sehr schöne, dampfgetriebene Lokomotiven und Schiffe. Eisenbahn-Accessoires und -wagen waren nur kurzfristig im Programm enthalten. Als in den dreißiger Jahren die Firma in Schwierigkeiten geriet, übernahm ein anderer Nürnberger Fabrikant das Programm, konzentrierte sich aber auf die optischen Spielartikel.

Produktionsprogramm:
Modelldampfmaschinen aller Art, dampfbetriebene Modelle wie Schiffe vom einfachen Flußdampfer bis zum großen Linienschiff, Schiffe mit Uhrwerkantrieb, U-Boote, Eisenbahnzüge in Spur 0, I, II und einer Spur VIII = 65 mm.

Zu den Dampfmaschinen gab es eine reichhaltige Auswahl an Antriebsmodellen. (Hier scheint Plank einen Liefervertrag mit Märklin gehabt zu haben, der Dampfmaschinen im Austausch gegen Antriebsmodelle erhielt.)

Katalog- und Literaturhinweis:
Nahezu 300 Katalogseiten mit ausführlicher Beschreibung des kompletten Programms von 1902 und 1925 sind publiziert in „Die Anderen Nürnberger“ Band 3.

Radiguet

Firmengeschichte:
Mitte des 19. Jahrhunderts in Paris als Werkstätte für wissenschaftliche Demonstrationsgeräte gegründet, baute man bald mit den Dampfmaschinen, die man herstellte, auch Schiffe und Eisenbahnen. Auf der Weltausstellung 1879 wurde Radiguet et Massiot ausgezeichnet. Zu dieser Zeit wurden über hundert Mitarbeiter in der Spielzeugabteilung beschäftigt.

Produktionsprogramm:
Dampfmaschinen, wissenschaftliche Demonstrationsapparaturen, dampfbetriebene Boote aus Kupfer, Messing und Mahagoni, Dampflokomotiven und sogar einen Dampfwagen. Diese Spielzeuge waren so solide wie die wissenschaftlichen Demonstrationsmodelle gebaut.

Katalog- und Literaturhinweis:
Vieles über Radiguet-Schiffe findet man in Jaques Millets „Toy Boats“ und in dem von Jacques Remise bei Balland erschienenem Preisführer.

Rock & Graner

Firmengeschichte:
Einer der ältesten, deutschen Hersteller von Blechspielzeug, der bereits seit 1813 im schwäbischen Biberach tätig war. Schon Mitte des Jahrhunderts baute man Berliner Omnibusse, Dampfschiffe, Pferdewagen und Eisenbahnen. 1904 mußte der Spielzeugpionier schließen und hinterließ sein technisches wie auch stilistisches Know-how vermutlich der Firma Märklin.

„R & GN“ war lange für die Fachleute ein Rätsel. Heute haben Spielzeugforscher die Spielzeugmarke entschlüsseln können.

Produktionsprogramm:
Gegen Ende des Jahrhunderts fertigte Rock & Graner komplette Eisenbahnanlagen mit großen Blechbahnhöfen, Brücken, Signalen, Bahnwärterhäusern und Tunnels. Auf den Schienen in Spur I = 48 mm rollten: Expreßlokomotiven, zwei- und vierachsige Wagen, ein englischer Zug der LSWR und GER sowie einer der berühmten Panzerzüge aus dem südafrikanischen Burenkrieg.

Katalog- und Literaturhinweis:
Zum ersten Mal konnte vor kurzem in Band 5 „Die Anderen Nürnberger“ ein Rock & Graner Katalog aus dem Jahre 1902–04 veröffentlich werden. Bis dahin hatte man noch nicht einmal den voll ausgeschriebenen Firmennamen gekannt.

Charles Rossignol

Firmengeschichte:
Berühmte französische Spielzeugfabrikation, die nahezu hundert Jahre existierte (von 1868–1962). Rossignol produzierte fast alles und bezeichnete seine Produkte mit den Initialien „CR“.

Produktionsprogramm:
In der Frühzeit Lokomobile, Dampfmaschinen, bewegliche Figuren und auch Penny Toys, in den zwanziger Jahren wurde Rossignol berühmt durch seine herrlichen Automobile, vor allem aber durch grün-weiße Busse und das „Marne-Taxi“, das einem Reanult-Taxi nachempfunden ist. Straßenbahnen, bunt lithographierte Eisenbahnen und kleine Modelle mit Schwungradantrieb rundeten das Programm ab.

Jean Schoenner

Das Firmenzeichen des Nürnberger Fabrikanten

Firmengeschichte:
Als mechanisch-optische Fabrik im Jahre 1875 in Nürnberg gegründet, feierte die Firma bereits 1892 die 300.000ste Dampfmaschine; damals betrug die Belegschaft 250 Mitarbeiter. Zu dieser Zeit wurden bereits die ersten dampfbetriebenen Bahnen und Schiffe produziert. Nach 1910 scheint das Qualitätsunternehmen von Falk übernommen worden zu sein.

Produktionsprogramm:
Dampfmaschinen, Heißluftmotoren, Feuerspritzen, Betriebsmodelle, Storchbeinlokomotiven, große Tenderloks, große dampfbetriebene Schnellzugloks, elektrische Straßenbahnen und Eisenbahn-Accessoires, hervorragende Kriegsschiffe und Barkassen für Dampfbetrieb.

Katalog- und Literaturhinweis:
Claude Jeanmaire, Nürnberger Spielzeug — Jean Schoenners Spielzeugbahnen und Schiffe, Villigen 1977.
In „Die Anderen Nürnberger" Band 4 ist das Gesamtprogramm von 1900 auf 73 Seiten wiedergegeben, ebenso der Katalog von 1902 auf 18 Seiten und ein Gesamtkatalog von 1905 mit 109 reich illustrierten Seiten.

Schuco (Schreyer & Co.)

Firmengeschichte:
1912 in Nürnberg gegründet, entwickelte man vor allem in den dreißiger Jahren neue Spielzeugideen. Vor kurzem mußte die Firma schließen und gehört nun der Spielzeuggeschichte an.

Produktionsprogramm:
Dreißiger Jahre: Wunderautos, purzelnde Fahrzeuge, Purzel-Figuren, pikkende Vögel, Tanzfiguren, Musikanten, Patent-Umwendautos und -mäuse, Kletterfiguren.
Auch die „Schuco-Neuheiten" der fünfziger und sechziger Jahre sind mittlerweile ein Sammelgebiet.

Katalog- und Literaturhinweis:
Die Kataloge der dreiziger und frühen fünfziger Jahre sind vollständig reproduziert in „Die Anderen Nürnberger" Band 5.

Tipp & Co.

Das Firmenzeichen für Tipp & Co., das auf jedem Spielzeug angebracht wurde

Firmengeschichte:
1912 in Nürnberg gegründet. Erst in den zwanziger Jahren fand Tipp einen eigenen Stil in den großen Blechlimousinen und Flugzeugen. Als der Firmeninhaber Henry Ullmann 1933 Deutschland verlassen mußte, ging er mit seinem Knowhow nach England und gründete die „Mettoy" Spielwarenfabrikation, die ein ähnliches Programm verfolgte. Nach dem Krieg produzierte man unter dem früheren Besitzer bis 1971.

Katalog- und Literaturhinweis:
Auf über 200 Seiten sind die Kataloge aus den Jahren 1936, 1939, 1952 und 1959 in Band 3 „Die Anderen Nürnberger" mit allen Abbildungen und Beschreibungen reproduziert.

Produktionsprogramm:
Blechflugzeuge, Straßenbahnen, Feuerwehren und Motorräder, Zeppeline, Lastwagen und Rennwagen, Busse – und als Spezialität farbig lithographierte Luxuslimousinen.

Sammlerlatein

Ohne Praxis kommt kein Spielzeugsammler aus. Selbst nach langjähriger Erfahrung fallen noch ‚alte Hasen' auf geschickt gemachte Fälschungen und Imitationen herein, wenn ein Zeitgenosse aus alten Teilen ein neues, phantasievolles Spielzeug im Günthermann- oder Lehmannstil zusammenkomponiert. Da tauchen dann aus alten Rennwagen die blechgeprägten Fahrer plötzlich als Pilot eines bisher unbekannten Doppeldeckers auf, gibt es Automobile und Eisenbahnwaggons, die niemand zuvor gesehen hat.

Wichtig ist es, auch die Seltenheit und den Erhaltungszustand eines alten Blechspielzeugs erkennen zu können. Dazu muß man viel gesehen haben, denn nur das geschulte Auge kann die Qualität einer Zierleiste auf einem Automobil, einem Eisenbahnwagen oder einer alten Kutsche beurteilen. Nur der Blick eines erfahrenen Experten kann die handgemalten Lichtreflexe auf den Fenstern eines Lokschuppens oder eines D-Zugwagens begutachten und den flotten Strich eines alten Zierleistenspezialisten aus

Göppingen oder Nürnberg vom Zitterstrich eines vorsichtigen Restaurators unterscheiden. Selbst bei der Offsetlithographie gibt es Nuancen zu beachten, gilt es den Erhaltungszustand zu prüfen und bei Überlackierungen mit farblosem Lack festzustellen, ob original oder nachgemacht — ganz abgesehen von übermalter Lithographie, die ein älteres, handbemaltes Modell vortäuschen soll. So gibt es oft lithographierte, englische Wagen, die einfach grün überstrichen wurden, um einen auf dem deutschen Markt leichter absetzbaren Typ zu imitieren.

Bei Blechfiguren trifft das ebenfalls häufig zu. Wurde aber schon von Firmen wie Günthermann selbst praktiziert und muß nicht unbedingt das Werk eines Fälschers sein.

Zum kleinen Einmaleins beim Ankauf gehört zum Beispiel auch ein sicheres Urteilsvermögen wie und ob man ein Modell noch restaurieren kann. Kann eine in Flammen aufgegangene und angesengte Dampflokomotive noch restauriert werden? Kann ein verrostetes Schiff noch gerettet werden?

Ebenso muß man entscheiden können, ob eine Restaurierung richtig ausgeführt wurde oder ob ein Dilettant das Spielzeug verpfuscht hat. Deshalb sollte man Spielzeug, vor allem bei Auktionen, am Tageslicht auf Überlackierungen und Ergänzungen prüfen und sich nicht beim schummrigen Dämmerlicht der Auktionssäle in Gottvertrauen wiegen.

Am optimalsten ist der Originalzustand, und nach diesem Originalzustand sollte man auch den Preis, der von 200 bis 300 Prozent schwanken kann, bestimmen!

Grundsatz: Auch wer selbst nicht restauriert, sollte Restaurierungen erkennen können.

Im Zweifelsfall sollte man sich mit erfahrenen Sammlerfreunden beraten, die in der Regel auch darüber Bescheid wissen, welche Modelle inzwischen als sogenannte ‚Remakes' in kleinen Serien wieder produziert werden.

An Kontaktmöglichkeiten fehlt es inzwischen nicht mehr, denn Veranstaltungen wie Tauschbörsen, Flohmärkte, Auktionen und Sammlertreffen nehmen von Jahr zu Jahr zu. Im Gegenteil, der Terminkalender eines Sammlers ist mittlerweile so voll, daß Schwierigkeiten auftreten, alle Veranstaltungen zu besuchen, wenn man sich nicht, wie die ganz fanatischen Kollegen, in Stükke reißen will.

Die wichtigsten Informationen über Veranstaltungen gibt die Zeitschrift **„Sammler-Journal"**, die beim **Journal-Verlag Schwendt GmbH, Fach 100340, 7170 Schwäbisch-Hall** abonniert werden kann. In dieser informativen Zeitschrift sind auch Spielzeugauktionen angekündigt, die meist von privat organisierten Tauschmärkten begleitet werden.

Die wichtigsten Auktionen

London: Christie's – South Kensington
85 Old Brompton Road, London SW 7

Sotheby's Belgravia
19 Motcomb Street, London SW 1X

Chartres: Jean et Jean-Pierre Lelievre
1bis, place Général-de-Gaulle
28000 Chartres

Krefeld: Willy von der Warth, Auktionator
Am Wallgraben 11, D-4150 Krefeld-Uerdingen

Weinheim: Weinheimer Auktionshaus Rolf Richter
Brückstraße 35, D-6940 Weinheim

Zürich: Auktionshaus Peter Ineichen
C. F. Meyer-Straße 14, CH-8002 Zürich

Blind nach dem Katalog – schriftlich – zu bieten, dürfte in den meisten Fällen sehr riskant sein, denn die Katalogbeschreibungen sind oft unzuverlässig und kein Auktionator haftet. Ohne eigenen Augenschein sollte man nicht bieten!

Museen

Auch die Museen beginnen, das Spielzeug als Kulturobjekt zu entdecken. Einen nahezu geschlossenen Überblick, auch über die Entwicklung des Blechspielzeugs bietet das

Spielzeugmuseum der Stadt Nürnberg
Karlstraße 13, D-8500 Nürnberg
Öffnungszeiten:

Dienstag mit Sonntag	10–17 Uhr
Mittwoch	10–21 Uhr
Montag	geschlossen

und in London das
Bethnal Green Museum
Cambridge Heath Road, London
Öffnungszeiten:
Samstag bis Donnerstag
Freitag geschlossen

Auch lokale und technische Museen bieten Blechspielzeug. Eisenbahnen und Automobile gibt es in mehreren Vitrinen im

Deutschen Museum
Museumsinsel 1, D-8000 München 22
Hier ist besonders reizvoll, daß man direkt neben dem Spielzeug die großen Vorbilder studieren kann.

Im Pariser
Conservatoire des Arts et Métiers
229 Rue Saint Martin, Paris
kann man nahezu alle von Fernand Martin produzierten, mechanischen „petits bonhommes" in einer Vitrine bewundern.

Den besten Anschauungsunterricht erhält man jedoch bei erfahrenen Sammlern, so weit jene „Profis" bereit sind, Einblick in die Geheimnisse der Spielzeugwelt zu gewähren. Die Privatsammlungen in aller Welt stellen jede Museumskollektion in den Schatten!

Literatur für den Sammler

Bei aller Erfahrung und Praxis geht es beim Spielzeugsammeln nicht ohne Literatur. Hier kann man ohne Übertreibung vier Editionen voranstellen, auf die man nicht verzichten sollte.

Als alten „Weißblechhohlschienenveteran“ bezeichnet sich Gustav Reder. Er hat schon in den zwanziger Jahren ein Buch über die Modelleisenbahn herausgebracht. In einer erweiterten Neuauflage ist es im Alba-Verlag in Düsseldorf erschienen und ist bis heute unübertroffen.

Gustav Reder
Mit Uhrwerk, Dampf und Strom
Düsseldorf 1970

Die Bibel des Spielzeugsammlers ist ein farbiges, gut kommentiertes Bilderbuch des Londoner Tierarztes und Sammlers David Pressland, das inzwischen in Sammlerkreisen als „Der Pressland“ viel zitiert wird. Die Farbabbildungen sind so exzellent, daß sie als Restaurierungsvorlage gute Dienste leisten können.

David Pressland
Die Kunst des Blechspielzeugs
Deutsche Ausgabe im Orell Füssli Verlag
Zürich 1977

Ebenso unerläßlich für die Sammler in aller Welt ist eine Katalog-Reprintserie aus Frankfurt geworden, die zur Klassifizierung große Dienste leisten kann.

„Die Anderen Nürnberger“
Band I bis Band VI
Diese Bände enthalten Katalog-Reprints von fast allen Nürnberger Spielzeugherstellern sowie:

Märklin – Technisches Spielzeug im Wandel der Zeit, Band I bis X

Diese Katalog-Reprints, wie auch die Nachdrucke alter Kataloge der Firma Bing werden in Deutschland über

Hobby Haas, Braubachstraße 36
D-6000 Frankfurt/Main
und im Ausland über
Verlag Eisenbahn, Gut Vorhard
CH-5234 Villigen
vertrieben. Leider sind inzwischen einige Bände bereits vergriffen.

Einen umfassenden Überblick zum Blechspielzeug bietet auch der Franzose **Jac Remise** in seinem bei **Balland** erschienenen

L'Argus des Jouets Ancien 1850–1918
Paris 1978
Dieses reich bebilderte Buch gibt auch Preisangaben, so daß sich der Sammler eine konkrete Vorstellung vom Preisgefüge für Blechspielzeug machen kann.

Speziell zur Spielzeugliteratur hat die Kölner Buchhandlung

Walther König
Breite Straße 93, D-5000 Köln 1

einen Katalog mit mehr als 400 lieferbaren Spielzeugtiteln herausgegeben. Er kann von dort kostenlos bezogen werden.

Register

Spielzeuge, Katalogmaterial und zeitgenössische Fotos stellten zur Verfügung:

Die Händler

Hobby Haas, Braubachstraße 36
D-6000 Frankfurt

17 / 19 / 21 / 57 / 92 / 93 / 96 / 101/ 102 / 105 / 115 / 116 / 117 / 127 / 132 / 145 / 149

Stuart Cropper, Grays Mews – Davies Mews, Antique Market Stand 14
London W 1

Titelbild / 1 / 2 / 10–12 / 18 / 23 / 24 / 51 / 52 / 62 / 82 / 83 / 146

Die Sammler

Sammlung Schweiger, München

42 / 73 / 74 / 85 / 86 / 87 / 88 / 122 / 124 / 125 / 133 / 138

Privatsammlung

16 / 66 / 94 / 95 / 97 / 98 / 100 / 103 / 104 / 106 / 107 / 108 / 109 / 110 – 114 / 118 – 120 / 123 / 141 / 143

Die Auktionshäuser

Christie's – South Kensington,
85 Old Brompton Road,
London SW 7

5 / 6 / 7 / 8 / 25 / 27 / 28 / 29 / 33 / 34 / 35 / 36 / 45 / 47 / 51 / 52 / 59 / 60 / 63 / 67 / 68 / 69 / 70 / 90 / 91 / 129 / 140 / 147 / 148 /

Sotheby's Belgravia, 19 Motcomb Street, London SW 1X

3 / 4 / 9 / 13 / 15 / 20 / 26 / 29 / 30 / 31 / 32 / 37 / 38 / 39 / 40 / 43 / 44 / 45 / 50 / 64 / 75 / 76 / 77 / 84 / 89 / 121 / 126 / 131 / 135 / 139 / 144

Die Museen

Spielzeugmuseum der Stadt Nürnberg
Karlstraße 13, D-8500 Nürnberg

22 / 54 / 55 / 56 / 58 / 61 / 72 / 78 / 79 / 80 / 81 / 128 / 134 / 136 / 137 / 142

Dem Kenner und Spielzeugenthusiasten Carlernst Baecker aus Frankfurt, Herausgeber der vorbildlichen Katalogreihe „Die Anderen Nürnberger" möchten wir ganz besonders für seine aktive Unterstützung dieses Buches danken.